我疯了，而且疯的不止我一个
我是如何摆脱心理危机的

[德]凯斯特·施伦茨（Kester Schlenz） 著
陈依慧 译

图字：01-2023-3402

Ich bin bekloppt... und ich bin nicht der Einzige: Mein Weg aus der Psychokrise by Kester Schlenz.©2020 by Mosaik Verlag,a division of Penguin Random House Verlagsgruppe GmbH, München, Germany.

图书在版编目（CIP）数据

我疯了，而且疯的不止我一个：我是如何摆脱心理危机的 /（德）凯斯特·施伦茨著；陈依慧译 . —北京：东方出版社，2023.10

ISBN 978-7-5207-3638-1

Ⅰ．①我… Ⅱ．①凯…②陈… Ⅲ．①心理学 Ⅳ．B84

中国国家版本馆 CIP 数据核字（2023）第 174368 号

我疯了，而且疯的不止我一个：我是如何摆脱心理危机的
（WO FENGLE, ERQIE FENGDE BUZHI WO YIGE: WO SHI RUHE BAITUO XINLI WEIJI DE）

作　　者：	[德] 凯斯特·施伦茨（Kester Schlenz）
译　　者：	陈依慧
策划编辑：	鲁艳芳
责任编辑：	黄彩霞
出　　版：	東方出版社
发　　行：	人民东方出版传媒有限公司
地　　址：	北京市东城区朝阳门内大街 166 号
邮政编码：	100010
印　　刷：	三河市冠宏印刷装订有限公司
版　　次：	2023 年 10 月第 1 版
印　　次：	2023 年 10 月北京第 1 次印刷
开　　本：	880 毫米 ×1230 毫米　1/32
印　　张：	7.25
字　　数：	144 千字
书　　号：	978-7-5207-3638-1
定　　价：	59.80 元
发行电话：	（010）85924663　85924644　85924641

版权所有，违者必究

如有印装质量问题，请拨打电话：（010）85924725

目　录

前　言　｜　为什么要写一本关于自己心理问题的书？　/ 001

第 1 章　｜　当你吐露心声时，别人也会坦诚相待　/ 007

第 2 章　｜　任何人都可能出现心理问题　/ 013

第 3 章　｜　患上心理疾病是什么感受？　/ 019

第 4 章　｜　找到对的治疗师并不容易　/ 039

第 5 章　｜　我在"疯人院"度过的日子　/ 069

第 6 章　｜　我是如何进行自救的？　/ 133

第 7 章　｜　焦虑、抑郁、强迫和惊恐发作　/ 141

第 8 章　｜　与治疗师谈话是怎样的体验？　/ 157

第 9 章　｜　如何让亲人更好地帮助我们？　/ 169

| 第 10 章 | 有自杀念头应该怎么办？ / 173
| 第 11 章 | 如何正确地对待精神类药物？ / 177
| 第 12 章 | 痛苦到底从何而来？ / 183
| 第 13 章 | 我是如何放松的？ / 191
| 第 14 章 | 我为什么要给自己写信？ / 209
| 第 15 章 | 我为什么要记录自己的感受？ / 215
| 第 16 章 | 那些对我有帮助的人和事 / 219

| 前　言 |

为什么要写一本关于自己心理问题的书？

亲爱的读者：

　　我当然不知道你为什么要读这本书。我想，或许是因为你对这个话题很感兴趣，或许是因为你认识一个有精神问题的人，或许是因为你自己也有相关的困扰。在后两种情况下，你肯定想知道这本书是否适合你或其他人。这就是为什么我要马上告诉你看本书会获得什么——本书并不是什么经典指南，而是经验之谈。我并不是专家，而是一名深受心理问题困扰的患者。发生在我身上的许多事情，也曾发生在每一个经历过精神危机的人身上——问题、模式往往都非常相似。最重要的是，那种绝望、无助和对于这种状态将永远伴随自己的恐惧如出一辙。我在这些方面积累了一些经验。如果可以，我情愿不要拥有其中大部分经验。但生活岂能事事尽如人意,即使不情不愿,有时候人生的列车也会拐个弯,驶向地狱。

我曾患有严重的心理问题——重度焦虑和抑郁症。我现在仍然有这些问题,但是,现在的我可以更自如地应对它们了。我得的病通常被称为疑病症。对很多人来说,这个病听上去好像不怎么严重,因为这个词经常被用来调侃那些因为担心自己的健康而经常去看医生的人。"哦,疑心病啊!"比如有人胸口刺痛时,就会唠唠叨叨,担心自己是不是心脏有毛病。但这并不是真正的疑病症。我说的疑病症是一种严重的焦虑症。我指的是在脑子里盘踞的恐惧旋涡,让我几乎没法想任何事情。这种焦虑甚至剥夺了我的睡眠和生活乐趣,最后把我变成了一个抑郁的、患有强迫症的病人,不停地从一个医生跑到另一个医生那儿去看病,发展出各种各样的仪式来逃避恐惧。人前,我是一名成功的记者和一个有趣的人;人后,一场场绝望的战斗在我的大脑中肆虐。

在本书中,我将自己的经历和盘托出:恐惧是怎么开始的,如何纠缠着我,以及它对我、我的家庭和生活造成了什么影响。简单来说,就是让你们看看我的脑袋里面发生了什么事。其实我的案例并没有特别之处,正如前面所说,我所经历的一切与许多精神疾病患者十分相似。

我一直在拼命地寻找合适的治疗师。我接受过个体和团体治疗。我遇到过正确的治疗,也遇到过错误的治疗。我试过吃药,也试过不吃药。20年前,我在一家精神科心身诊所待了3个月。在那里,我和其他病友共同经历的一切是本书的核心章节。大家通常不了解那个世界，但其实我们可以从诊所学到很多东西。在这 3 个月里，我几乎经历了可能发生在一个精神病患者身上的所有事情：彻底的绝望、恐惧、愤怒、悲伤，感觉自己已经走到了生命尽头。但是，我也学会了如何走出黑暗——我堕入了人生的谷底，可是，从某个节点开始，我又开始上坡了。那会儿，我真不敢相信这是真的。我没法儿想象，有一天自己还能回到家里和家人在一起，回到工作岗位上继续写书，甚至成为《明星周刊》（*Stern*）[①]的主编。我终于守得云开见月明，找回了属于自己的生活。如今的我，完全能够更好地应对心理危机。对此，我心怀感恩。

我为自己和其他人竭尽所能地努力。我交到了不少病友，他们是我治愈过程中的重要组成部分。我也想在本书中讲讲他们的故事。当然，我会使用化名，也会做一些改编。我不想把任何人曝光出来。治疗师和诊所的名字也都不是真的。我只想把那些最重要的事情告诉你，也就是我真实经历过的一切。我想告诉你，我们在诊所里是如何相处的，以及这给我和其他人带来了什么样的影响。体验其他病人的感受、互相帮助，有时候把注意力从自己身上移开，把自己的痛苦相对化——对我来说，这些都是十分重要而有益的经历。

每个人的命运都是独一无二的。每个人都有自己的病。但是，我们

[①]《明星周刊》是目前德国最大的社会生活杂志，隶属于世界最重要的媒体集团之一贝塔斯曼集团，主要面向德国及欧洲发行。——译者注

有一种共同的情绪，叫作痛苦。有一条界线，将你和健康世界隔离开来。精神上的痛苦有一点共同之处：在周围健康的人群中，你常常感到非常孤独，而其他人都很开心。你也想好好的，但是，你感到害怕、深陷抑郁或者担心惊恐发作。这本书会告诉你：其实，你并不孤单。很多人、很多很多人都这样。而且，这种情况是可以改善的。本书讲的就是我和其他病友是如何获得帮助的。书中阐述了"头脑不舒服"的感觉，展示了多样化的、几乎令人抓狂的心理问题，以及幽默的作用。

我尽可能地让本书读起来有趣。这听上去很怪，但有时候我确实很奇怪，诊所里的其他人也很奇怪。只有在事后，我才意识到我们的一些行为方式有多么愚蠢，还有为了逃避某些感受时，人的心路历程有多么扭曲。因为出现这些压抑的、不愉快的、令人恐惧的感受都是常态。没有人想忍受这些折磨，但是如果你想恢复健康，就必须忍受。那会儿，在诊所里，我们会嘲笑自己又在"胡思乱想"了——自嘲往往对我们很有帮助。在状态不错的时候，我有时会想："我这又在出演哪部电影呢？"所以，我可以给本书第5章起个标题"我在'疯人院'度过的日子"，它是根据杰克·尼科尔森（Jack Nicholson）主演的悲喜剧电影《飞越疯人院》改编的。我经常有这种感觉，比如，有个叫伊娜的病友患有强迫性囤积症，她的阁楼里有许多箱子，当我帮她把其中一个箱子扔进垃圾桶的时候，我感觉就像拍电影般魔幻。她的丈夫特地把箱子带到她的面前。对伊娜来说，扔东西真的太难了。虽然她心里明知道箱子里装的全是些没有用的杂物，但她还是说箱子里可能会有她的护照、出生证明，说不定还有现金，所以她必须再打开箱子看一遍。强迫症几乎影响到了她的身体健康。不过，这次她忍住了，并且以最大的克制力扔掉了那箱东西。而且，她也没有像以前在家里那样，晚上再偷偷溜到垃圾箱里去翻箱子。尽管这对她来说太难了，但她还是坚持了下来。听上去有点怪，是吧？但对伊娜来说，这项活动是恢复健康的诸多步骤之一。在这种暴露疗法中，我们互相帮助。只因我们彼此了解，所以才不会觉得对方很蠢，也不会嘲笑彼此。我们必须战胜自己的心魔，才能真正治愈自己。当然，治疗师通常也在场陪伴，但偶尔我们也会自己练习。艾滋病恐惧症患者可以帮助患有社交焦虑症的患者，而患有洁癖强迫症的女性，则可以帮助那些无法振作起来的抑郁症患者。本书中就有不少这样的故事。

当我决定写本书的时候，妻子歌莎以及我的治疗师（没错，我还会去治疗）非常支持我，但另外一些朋友则强烈劝阻我。他们问我："你疯了吗？你不能把如此私密的事情公之于众。你可是德国《明星周刊》的主编，还是一位成功的作家。这么做会损害你的公众形象。千万别写。"

但实际上，这种反应反而强化了我的决心。其实，他们反对的出发点是好的：就像他们说的那样，他们是想保护我不受伤害。但我认为，谣言和沉默是不对的。"心理问题"已经不像以前那样骇人听闻了。如今，在开明的圈子里，你完全可以说出自己在看心理医生这件事，并不会被贴上"疯子"的标签。尽管如此，对许多人来说，这个话题仍然是禁忌，因为有心理问题会被等同于软弱。你可以谈论自己后背疼痛或患有骨关节炎、高血压甚至更严重的身体疾病,但大多数人对于"我有心理疾病,必须接受治疗"这句话仍然羞于启齿。

我想通过本书进一步打破这种禁忌。我不在乎有些人的想法:"啧啧,看啊,凯斯特有心理问题,他还把这事儿写出来了。这个人算是'社死'了。"这些人应该躲在阴暗的小角落。反正我要离这类人远一点!本书也不是给这些人读的。我认识很多有心理问题的人,他们很长时间都没有再谈过心理问题了。而我现在就决定把这些事儿摊开来写写。欢迎愿意一读的任何人。不过,我承认:我也是花了几年的时间才做到如此坦然。我年纪大了,不用担心以后发生的事情了,所以我的包袱也更少些。反正《明星周刊》是不会解雇我的。

正如前面所说,我的妻子很支持我,原因和治疗师所说的一样:把你自己的心理问题写下来,会让你与自己保持距离。再次坠入深渊的危险总是存在的,我知道自己现在仍然如履薄冰,我也随时都可能会再次崩溃。然而,在写作的时候,我可以审视自己,厘清其中的机制,看到自己已经成功地做到了哪些,并提醒自己不想再去的地方:我脑中住着魔鬼的区域。你们给我待在原地!

| 第 1 章 |

当你吐露心声时,别人也会坦诚相待

刚开始的时候，我试图独自面对脑袋里所有的恐惧和胡思乱想。我拼命地思考，在内心与自己对话，想让自己平静下来。（"你刚看过医生。""你知道自己没事的，保持冷静。"）我不想生病。我以为一切都会过去的，但是完全没有好转的迹象。我把这件事第一个告诉了我的妻子歌莎。但是，渐渐地，朋友和同事们也开始注意到我有问题，于是我也向他们敞开了心扉。出乎意料的是，他们都非常理解我，能够共情我。而且更令我惊讶的是，他们中的不少人也有着类似的问题，或者曾经有过类似的问题，要不就是在家庭或朋友圈中认识一个也有心理疾病的人。得知这一点对于那时候的我很有帮助。我当然知道世界上有很多人也饱受着心理疾病的折磨，但是对我来说，这件事一直是抽象的：在某些遥远的地方，某些人患有抑郁症或者其他疾病。而得知这些人就在我身边，那就不一样了。别误会我的意思：我不是说自己周围的人尽是抑郁症、强迫症、焦虑症或精神分裂症患者。其实，我身边的大多数人都过得挺不错。虽然他们并不是总能过得很好，也不是所有人都过得很好。他们会恐惧失败、患有睡眠障碍、抑郁发作、成瘾或强迫症。有时候严重些，有时候会好转；有些问题只是暂时的，有些问题越来越多。但直到将自己的问题坦诚相告，我才得知这一切。我好像打开了一扇通往一个世界的门。在这个世界里，每个人都深陷在自己的心理危机之中，被搞得晕头转向，然后才注意到：哦，原来不止我一个人。我必须先开口：我不舒服，我好害怕，我感觉快要崩溃了。有一部分人会聚精会神地听我倾诉，然后也开始吐露心声。同是天涯沦落人，能够彼此互诉衷肠，真是莫大的宽慰。当然，刚开始知道我的情况时，大多数人也都感到很惊讶。平时的我一直被认为是个有趣的人，而且生活中的方方面面似乎都挺好的。甚至我自己遇上别人遇到的情况时，也还会觉得很讶异。比如，有一位很成功的工程师，而且他还是一名极限运动员，如果不吃安眠药，他几乎睡不着觉。还有一位同事看心理医生的频率比我还要高，他已经不知道该怎么办了。另外一位极负盛名的顶级作家有着严重的酗酒问题，因为他无法忍受内心的空虚。成功、赚大钱、表现出色、地位尊崇——所有这些表象有时候会让我们眼花缭乱，让我们不禁想：哇，那人真是自带光芒，混得风生水起啊！但是，我们并不知道光鲜亮丽的背后是什么。

我想用这些话表达什么？劝你拿自己的病到处卖惨吗？还是到处宣传自己的心理有点不正常？不，我完全不是这个意思。而且，我会建议大家只向熟悉的人敞开心扉，这样你才可以确保他们第二天不会在微博或者朋友圈里把你的事抖出去。我知道，这听起来令人失望，但每个人都可能（或者曾经）被人出卖。你必须根据具体情况做出判断。通常有人会问："告诉我，你怎么了？"我想，通过对话，你能感觉到他们是否真的在乎你，是否能够正确地处理你告诉他们的话。我自己没有经历过糟糕的反馈，而是得到了很多理解。我甚至跟同事们说了这事儿，也没出现什么问题。但这可能是因为我当时在一家女性杂志社工作，同事之间的氛围很好，跟在建筑公司或者保险公司上班不太一样。并不是所有的领导都像我当时的主编安妮·沃尔克（Anne Volk）那样善解人意，而且愿意帮助我。没有雇主可以强迫员工告诉他自己生了什么病，我们只需要告诉医生和保险公司就够了。如果老板主动问"你怎么了"，你甚至也不一定要如实回答。

　　我建议，最好和心理医生或者治疗师讨论一下你应该什么时候以及向谁坦诚你的心理问题。我认识一些人，他们对外宣称去"疗养"了，但其实是在心理诊所待了几周，而他们的雇主并不知道真实的情况。但是，我会建议你：只有在真的担心坦诚相告会对你造成伤害的情况下，才进行这种掩饰。因为为了你自己，也为了避免离谱的谣言，诚实往往是上策。

| 第 2 章 |

任何人都可能出现心理问题

语言会出卖人："脑子有点问题""疯了""脑筋搭错""疯疯癫癫""愚蠢""脑子有病""脑子不正常""脑子缺根筋""脑子坏掉了""笨蛋""怪胎"。虽然大多数人都不喜欢谈论自己的心理问题，但"精神病"一词有这么多近义词，说明这个话题对我们所有人来说是多么重要。不论在哪个社会中，那些潜在的、重要的事物都会首先拥有各种各样的表达方式，这些事物可能会引起恐惧，有时还常常被压抑。所以，我想再次强调：本书并不是旨在讨论我和其他一些怪人不知道出于什么原因要和自己过不去，我们探讨的是一种大规模的、普遍的现象——心理疾病是一种普遍的疾病，而且似乎越来越普遍。

放心，我不会在这里列举一大堆枯燥的数据，但为了对这一现象进行分类，并表明我们身边"脑子有病"的人并非罕见，以下数字有必要一看：

根据世界卫生组织的估计，每 4 个人中就有 1 个人一生中会患上 1 次精神疾病。2018 年，世卫组织精神卫生部门在日内瓦举行会议，Tarun Dua 博士说："全世界每年有 3 亿人患抑郁症，80 万人自杀。"德国精神病学、心理疗法和心身医学协会（DGPPN）在 2018 年指出："在德国，每年约有 27.8% 的成年人受到精神类疾病的影响。这相当于大约有 1780 万人受到疾病困扰，其中只有 18.9% 的人与治疗机构取得联系。"这意味着超过 80% 的病人显然没有寻求治疗。也就是说，这些患者听天由命。有时候，这会给患者及其家人带来严重的后果。其中家庭关系破裂的情况并不少见，而且精神病患者经常为了逃避而沉迷酒精、药物甚至毒品。我自己也有过这样的经历，在最黑暗的时候，我对镇静剂非常依赖——当时我像逮到救命稻草一样把镇静剂摆在床头，这并非毫无危险。而且，正如各大医疗保险公司所报告的那样，越来越多的儿童和青少年也患上了心理疾病。

所以，这不是只有几个疯子无法控制自己和生活的问题。不，**Lady Gaga** 和 **Mr. Crazy** 就在我们身边，而且还很多。不仅如此，这也对经济产生了重大影响。2019 年，德国职员医疗保险（DAK）的心理报告提供了令人震惊的数据。在过去的 20 年里，职员因心理问题请病假的天数增加了 2 倍多，约有 220 万人受到影响。在年度报告中，在所有的疾病类型中，心理障碍在全德国排名第三。2019 年 4 月，根据巴伐利亚保险公司 Swiss 的报告，超过三分之一的员工（约 37%）因被诊断患有抑郁症或焦虑症等心理疾病而提前离职。10 年前，这一比例要低得多，为 **26.6%**。

与此同时，我也注意到了这一情况：治疗的方法增加了很多。在德国，总共有大约 3 万名心理治疗师和专科医生提供服务。这些数字听起来还不错，但我们还得从医患比例上来看。根据 DGPPN 的文件，仅在一个季度内，就有 110 万合法投保的患者从私人心理治疗师那里获得了心理治疗服务。

因此，可以肯定的是，德国已经有许多治疗方案，但仍然远远不够。

任何寻找治疗的人都必须等待，需要办理繁杂的手续。假设我们今天预约，在第一次见到心理治疗师之前要等6周的时间。自2017年《心理治疗法》改革以来，德国就为心理疾病患者设立了所谓"心理急诊室"。然而，在心理急诊室进行的只是一次初次谈话。在谈话中，治疗师试图对病人有一个大概的整体印象，并给出治疗建议。这并不意味着开始治疗，真正开始治疗通常需要等大约20周。这里援引的是DGPPN对治疗师进行调查所得出的结果。我不知道这些数字是否真实有效，但我担心他们可能主要采访了大城市的治疗师。德国西南广播公司（SWR）在2018年的一篇文章中写道："在较小的城市以及农村地区，患者通常需要等半年或一整年才能开始接受治疗。"

换句话说，德国现在有非常多的心理疾病患者，他们迫切地需要帮助，但并不是总能及时地得到帮助。需求很大，但提供的治疗服务太少。

后果是惨痛的。德国每年约有1万人死于自杀，超过交通事故、暴力和非法毒品的致死人数。在世卫组织2017年的世界预防自杀日上，莱比锡大学医院精神病学系主任乌尔里希·黑格尔（Ulrich Hegerl）教授说，90%的自杀者是心理疾病患者，其中大多数人都患有抑郁症。

这件事情确实很棘手。但请不要沮丧：你可以找到帮助，心理疾病是可以治疗的，请去看医生，请打电话给你的医疗保险公司，请加入自助小组。最重要的是——打破沉默。和你的伴侣、朋友们和同事们谈谈吧。你会发现：大多数人都比你想象的更能理解你。我也有过这样的经历。没有人,真的没有人嘲笑我、疏远我,或者以任何方式做出糟糕的反应。这也是因为几乎每个人——如果不是他自己遇到心理问题的话,至少也认识一个受心理问题困扰的人。

| 第 3 章 |

患上心理疾病是什么感受？

当你有心理疾病的时候,你就是生活在一个不同的世界里。在这个世界上,有你和其他人,其他人都很好,但你却过得糟透了。有一个声音不停地说:"振作起来。"或者:"一切都会好起来的。"但一切不会自己好起来。要好起来,就要战斗。而且,在好起来之前,还是会感到痛苦。如果你是我们中的一员,让我们在这里告诉你:总会有出路的。但这条路是陡峭的、费力的,你必须先找到它。除非你找到它,否则你必须继续战斗。你不能放弃,永远不要放弃。我知道自己在说什么。曾经的我万念俱灰,以为一切都结束了。但如今,生活还在继续。对你来说,也是这样。总有人能帮你。会好的,相信我——虽然在曙光出现之前,你不得不面对异常艰难的黑暗。

一切开始的时候往往悄无声息,除了惊恐发作。惊恐发作就像一个突击队,喜欢在夜晚来袭——在你最毫无防备的时候。你吓坏了,呼吸急促、心跳加速、潮热、出汗,感到一种全方位的压迫感。身体所有系统都进入警戒状态。你惊慌失措,就像遇上了抢劫,而你是个手无寸铁的受害者,好似猫爪下的老鼠,只剩下恐慌。发作通常持续几分钟,但有时也可能长达半小时。

另外,恐惧、压力和抑郁喜欢慢慢来。它们慢慢地积聚起来,一周又一周地增加强度。它们仿佛有着计划,想要吞噬你。它们就像病毒,而你是它们的宿主。它们就像恶魔,不管你在哪里,它们总是在那里守株待兔。但只有你能看到它们,而其他人看不到。当你指着它们说:"看,它们又来了！"其他人会说："可是那里什么都没有啊。"

当你患上心理疾病的时候，最难的是你需要孤军奋战，而且对手就是你自己，因为疾病是你的一部分。你想把那部分撕扯掉——那个阻挡着你内心的快乐、让世界在明媚的仲夏都变得灰蒙蒙的恶魔。但你抓不到它。你很伤心，也很害怕。最终，你甚至会恐惧自己的恐惧。你绝望了，你生气了，而且如此无助。你像个小孩子一样偷偷哭泣，但没人会把你抱在怀里哄着你，因为你已经是个成年人了。

真糟糕！

同事们什么也没有察觉到

对我来说，世界不是灰色的。我的世界里到处都是醒目的警告标志。这个世界充满了危险——病毒、放射性物质以及随处可见的引发癌症的诱因。其他人怎么会这么粗心大意呢？一开始，恐惧只是偶尔存在。它爬到我身边，拉着我，进入我的体内。后来，它开始越来越频繁地出现，无处不在。它在我的脑海里占了上风，渐渐地，所有的一切都开始黯然失色。然后，恐惧的暗黑姐妹——抑郁出现了。一层厚重的黑色面纱，每天都像一个沉默的恶魔笼罩着我的灵魂。我再也睡不好了。早上4点，我就清醒地躺着，听鸟儿叽叽喳喳地鸣叫。天亮了。对我来说，一场新的战斗开始了。恐惧没有具体的形象。它就在那里。每天它都生下一个邪恶的、看不见的孩子。这一切是什么时候开始的？我不知道。我从小就有些畏手畏尾。我的父母也都胆小怕事。我想，我是从他们身上习得了恐惧。整体来说，我是一个快乐的人，但性格不是很稳定，不过，我很善于掩饰这一点。朋友和同事都知道我是一个总爱打趣的人，过去如此，现在也是如此，这部分的我支撑着我活下去。当另一部分的我在体内发怒的时候，我就把这个部分藏起来了。我很擅长自我伪装，只有妻子歌莎和几个亲密的朋友了解我的内心。他们目睹了恐惧如何一点一点地困住我，不让我喘息。

在经历了许多不眠之夜之后，我开始服用镇静剂。这再次让我立马过上了没有恐惧的生活，就好像有人在我昏暗的脑袋里开了一会儿灯。正常的感觉真好。我想："哦，原来一切也没那么糟。我真是个小题大做的白痴！"于是，我开始计划将来，欣喜若狂，直到药片的效果下降，我被更加残暴地拖入熟悉的深渊。我又被困住了，而且痛苦不堪。但我必须撑下去，即使不为了我自己，也要为我的妻子和我们的两个儿子考虑。我尽力不让他们注意到，他们不应该像我一样习得恐惧。我继续努力做一个好父亲，而且也做到了。所以我每天都去上班，继续做一个有趣的好同事。

同事们什么也没注意到。我做得很好，一切如常。但是，当我参加会议、演讲或者参与讨论时，我的脑海中，经常同时充斥着其他画面，就像一部恐怖片。就在我说话的时候，我看到自己病了，病得很严重。我能感觉到自己身体里有不该有的东西——艾滋病、癌症、感染，这里有牵拉感,那里有刺痛感。腹部好像压力很大,肯定是长了什么不好的东西。眼前是不是冒了个金星?我有视力问题吗?我是不是有多发性硬化症?或者,我是不是碰到了有传染性的东西?我碰到过什么吗?我得更加小心地保护自己。我要多洗手,勤消毒,看医生,做检查!我做过很多很多次检查,太频繁了,以致医生都快对我翻白眼了。只要离开家门,如果不立即洗手或者用消毒布偷偷擦手,我几乎不敢碰任何东西。对我来说,在餐馆吃沙拉无异于一场灾难。厨师洗手了吗?那红色的东西不是血吗?厨师割伤了自己吗?他会不会有艾滋病?歌莎问我:"你为什么不吃东西?"我没有回答。"那是红色的调料,"歌莎说道,她看着我,"只是调味汁而已。"她恳切地跟我说:"你不能再这样下去了,凯斯特。"我吃了沙拉,还有主菜,喝了一杯啤酒。到了后半夜,我开始睡不着,恐惧不停地发问:"万一那是血呢?""受感染的血液?对了,早上我的牙龈出血了!那正是病毒的入口啊。"

我盯着牙医的器械。它们真的是无菌的吗?前面的钻头是不是有个小斑点?不会是干涸的血迹吧?和我一起坐在候诊室里的是谁?排在我前面的病人是谁?看上去病了的那个人是谁?是不是那个很瘦的人?谁的脸上有斑点,就像艾滋病患者在后期会长的那种斑点?

自从我读到切尔诺贝利事故发生几十年后,蘑菇、松露或者野味仍然会受到放射性污染以后,我就没有吃过。我非常害怕患上癌症。我反复地检查身体,做各类扫描——仔细地扫描各个部位,寻找结节、退化的痣或者其他令人害怕的生病迹象。我盯着自己的排泄物,总是害怕会在里面发现血迹。

恐惧越来越强烈

我知道——至少健康、理性的那部分自我知道——这一切都太疯狂了。"你疯了,"我对自己说,"你太夸张了。没人那样做。其他人只是享受生活,而不是永远在担心。"但是,恐惧却越发强烈。它常常躲在幕后,耐心地潜伏着,好像想给我一点喘息的时间,让我沉溺在一种欺骗性的安全感里。当我有时候以为自己做到了,它却突然现身给我迎头一击。有人在手指上贴一个创可贴,然后用手递给我一块面包就足以引发我一连串的联想,创可贴、血、伤口、艾滋病、面包——这绝不能放进我的嘴里!太疯狂了。我疯了。我没有吃,而是趁别人不注意的时候把面包扔掉,然后再给自己买一个新的。这总比担惊受怕好。为了不害怕,我做了很多事,而且更频繁地避免做某些事。然后,不知道从什么时候起,我开始害怕自己的恐惧!

我的世界变小了。

我避免上公共厕所。我总是吃同样的东西。当朋友邀请我和歌莎一起去他家烧烤时,有个朋友在我的盘子里放了一根香肠,我立刻开始对它进行检查。只要香肠的一面有点黑,我就不吃了。因为我知道烧焦的肉会导致癌症,不能吃。

"那不是焦黑,凯斯特,"歌莎低声对我说,"只是表面的颜色有点深。你太夸张了。"她翻了个白眼。于是,我偷偷地把黑点刮掉,然后硬咽了下去。

乘坐公共交通的时候,我从来不碰把手,因为那被细菌污染了。还有华夫蛋筒冰激凌,我是不可能吃的。冰激凌摊上的人收了钱,在收银台里翻出几个硬币找零。然后,她又用这只手拿华夫饼蛋筒,装上冰激凌球。所以,蛋筒肯定被细菌污染了。面包师也是,怎么能既负责收银,又用同一只手把面包塞进袋子里呢?真恶心。当然,我什么也不会说,只是把面包连袋子一起扔掉。还好有一个面包店,员工会用手拿着钳子夹面包,所以,我只在这家店买面包。我也不喜欢坐在热水浴缸里。我朋友圈子里的一位医生曾经说过:"浴缸可能会传染某种特别的细菌。"对我来说,这绝对是恐怖事件。一想到有什么病态的东西会从别人的身体里渗入水中,然后再进入我的体内,我就不寒而栗。从那以后,旋涡中冒泡的水对我来说就像是生化武器的孵化室。

如果结果是好的,那么,去看医生也是一种解脱。但在获得好消息之前,我就快把自己逼疯了。万一医生发现什么不好的病呢?如果有什么不清不楚的问题呢?这种煎熬令人难以忍受,我越来越忐忑不安。浑身上下、头颈、脑袋持续地嗡嗡作响。心悸。失眠。我的思绪在疯狂地蔓延。我哭了。治疗师说过要"保持距离":"你知道的,这只是一种感觉。你得面对它。跳出去,从外面观察它。"我不是没有试过,但那种恐惧倾覆了一切。

最糟糕的是预防性体检。数以百万计的人都做过。没有人期待这种检查,但只有像我这样脑子里缺根筋的人才会有这种过激的反应。我就是这么跟自己说的。我试图用这些话幽默一把,但却连一丝苦笑都挤不出来。"你知道没事的!"我对着自己大喊大叫。"以前的恐惧也总是那么可怕,但通常体检结果都很好。就算有什么小毛病,也无关紧要。"但是,恐惧在我耳边低语:"万一医生检查出什么毛病怎么办?说不定有什么问题呢?有不好的东西或各种危险?"

念头万千,旋转摇摆,全是世界末日的景象。我听到医生说:"片子有点问题,我们必须做进一步的检查。"完了。随之而来的是不确定性——再次等待检查结果。我开始想到死亡、虚弱、疾病、阳痿、大小便失禁——这些会要了我的命。

一个人的灾难电影开始愈演愈烈。我好像独自一人坐在又大又黑的电影院里,这部恐怖电影一直在循环播放。看完医生后会发生些什么?恐怖?害怕?绝望?还是像以前一样获得解脱呢?但愿如此。我为此祈祷。让痛苦停下来吧!让一切好起来吧!

我的妻子歌莎摇了摇头。"这是一个预防性的体检,"她说,"只是一个再普通不过的检查,我每年都做。放心吧,没事的。如果有什么问题,你也可以马上搞清楚状况。即使之后确诊了疾病,你也有很大可能活下来,而且,你还没有表现出任何症状。你能感觉到那些不适,只是因为你太敏感了。"

"嗯。"我开始颤抖。

她把我抱在怀里。"你只是想太多了。"

我开始哭。

"我好恨自己。"我说。

"你应该恨那些让你如此害怕的东西——你那些病态的想法、离奇的判断和感受。"

漫漫长夜最煎熬

是啊，我讨厌这一切。但这是我的一部分，而且，这部分还是我内心的主导部分。我知道我不应该这样。我知道我缺乏客观和理性，缺乏对风险的正常评估。为了什么？会发生什么？癌症，它在我的体内尖叫。我认识患有前列腺癌或膀胱癌的人。这些疾病挺严重的，治疗过程也很不舒服，但所幸他们的治疗很成功——他们都还活着。几周前，我还在一个派对上遇到了其中一个人，他看上去挺放松的。

但为什么这些思考对我还是没有帮助呢？

夜晚真是最糟糕的。我睡不着，即使偶尔迷迷糊糊地打瞌睡，又会很快惊醒。脑子里的嗡嗡声一直不停地盘旋着，恐惧、压力、无奈笼罩着我。从凌晨4点开始，这一切都停下了。我彻底地清醒了，我哭了，我自怨自艾——当时的我像一具行尸走肉。最后，我起床了，洗了个澡，吃了早餐，像个机器人那样按部就班。光亮让一切变得好了一些，恐惧被调成了轻微震动模式，给压抑让位。

我还记得和治疗师的一次谈话。"放松有助于对抗恐惧，"他说，"如果恐惧出现了，你不能强迫它离开，但你可以用不同的方式对付它。别去对抗。注意到它出现了，你可以告诉它：'嘿，你又来了。很不高兴见到你。但来了就来了吧。'"

这番话我是听进去了，但我该怎么对坐在我面前咆哮的这头战斗犬说呢？

当我试着想象这个画面时，治疗师说道："会叫的狗不咬人。"虽然我不太喜欢这句话，但它是有道理的。恐惧不过是一只对你吠叫的狗，直接转身走开吧。

是的，我想离开，远离恐惧。有时候，我甚至想，我宁愿死，也不愿意一直处于恐惧之中……

我听到脑子里有另一个声音——也是我的声音——说："老兄，后天你不是要做一个有50%概率死亡、残疾或者痊愈的脑部开颅手术，你只是预约了一次门诊看医生。现在，淡定点，这次门诊只是又触发了你的焦虑而已。你心里知道的，你这个白痴。"

他还在那里，那个凯斯特。他还是老样子。我暗暗地想："别离开我。"

我又想起了治疗师说的另一段话："如果你再次处于这种状态，并且担心身体的某个部位病了，那么你需要意识到这一点，并且问自己：

除此之外，还有什么？生活中有哪些美好的事物？请把它们列举出来。"

我列举了妻子和孩子们、朋友们、工作、房子、花园里的小池塘，我又在写书了，和歌莎一起度假，还有，我还想要含饴弄孙呢……

列举美好的事物确实有所帮助：恐惧虽然没有消失，但是减轻了一点。

这一切都很美好，我想继续体验这一切，我会继续经历这一切的。我深吸了一口气，对自己说，我现在要去看那个门诊了。因为这是有用的，因为这是负责任的行为。我会说出困扰自己的事情，但不会唠唠叨叨，不会大惊小怪。我现在很勇敢。

然后，就到了预约门诊的那天……

一切都很好，一切都按照设想的方式进行着。我如释重负！巨大的恐惧负担从我身上消失了。谢天谢地！我在绝望中祈祷，真的谢天谢地，我很感激。有些事情无法逃避，我们必须经历。虽然很难，但我撑过去了。我想，几乎没有一个读者能够感同身受地理解我经历的这一切。你可能会想，那只是个预防性的检查罢了。是的，没错，但是对于像我这样的疑病症患者来说，这却是一条穿越恐惧地狱的路。

仅仅一天过后，我又开始怀疑：有没有什么事忘记问医生了？我把我的状况完整地告诉他了吗？我说清楚了吗？他到底是什么意思？这件事没完。我决定再去看一次医生以消除疑虑。幸运的是，我事先联系了心理治疗师。他有时间，于是我们谈了谈。他说："你自己也知道，你绝对不应该再去医生那儿了，怀疑只会加重你的困扰。你已经走到现在这一步了，不要屈服。不然，之后你还会想出一些让自己怀疑的事情。你已经做过检查了，医生没有发现任何问题，所以没有任何必要做进一步诊治。这才是最重要的，这就够了。你已经完成了门诊复诊，别再怀疑了，把重心转回你的日常生活，好好过日子吧。"

我听从了他的建议，事实证明他是对的。几天后，压力减轻了。我又冷静下来了。惊恐变成星星之火轻微地闪烁，再逐渐变成小火苗熊熊燃烧，然后再次熄灭，然后再开始下一次发作，就像早晨的太阳一样不会缺席——恐惧总能找到发作的由头。

令人麻痹、吞噬一切的悲伤

对大多数人隐瞒这件事真是太累人了。我想成为一个有趣、善良、成功的凯斯特，而不是一个有怪癖的神经病。我过着两种平行的生活——一种是公开的、看似正常的生活；另一种是受困于压力和恐惧的生活：偷偷摸摸、垂头丧气、厌恶自己。但我也没办法，什么都比忍受恐惧要好。后来在治疗中我才明白，这正是问题所在：要忍受恐惧和随之而来的那些情感，不让它们获胜，而不是与之对抗。

患有严重抑郁症的人通常也无法再反抗了。我在心理诊所期间认识了一些病人。得了抑郁症的人常常感到内心空虚、没有动力，无法振作起来，无法享受人生。他们觉得自己只剩下一个外壳，感情上已经麻木。

德国社会学家哈特穆特·罗萨（Hartmut Rosa）在《共鸣》（Resonanz）一书中写道："对于那些抑郁的人来说，在极端的情况下，世界显得光秃秃、空虚、敌对，且失去了色彩，同时他们体验到自己的冷漠、死气沉沉、僵硬和麻木。自我和世界之间无法共振。"罗萨说，对于健康的人来说，自我和世界之间有一条"共振的电线"，而在抑郁症患者中，这根电线是静音的。一种无形的力量像吸血鬼一样把他们吸走了，剥夺了他们生活的乐趣，而他们往往不知道为什么会这样。反正一切就成了这样，莫名其妙出现折磨。对许多人来说，这是最糟糕的：永远不知道为什么？

许多病人会想到死亡，也有很多人选择了这条路。从抑郁症中痊愈的英国作家马特·海格（Matt Haig）在《活下去的理由》（Reasons to Stay Alive）中写道："我想死。不，这么说也不对。我不想死，我只是不想活着。"得了抑郁症的人，真的只是不想再忍受毫无生命力的生活。其实，他们可以得到帮助，但是，处于痛苦中的他们不相信自己还有救。因为这种痛苦是如此地彻底、如此地具有破坏性、如此地沉重，就像一个看不见的沉重的力场那样将他们倾轧，使他们无法动弹。但是，你必须一次又一次地告诉他们：抑郁症是可以被治愈的，或者至少是可以缓解的，缓解到他们能够撑过抑郁症的发作，好好生活下去。

通常，抑郁是在病态焦虑之后发生的，恐惧会在体内引起警觉，进化程序正在体内运行：一只老虎潜伏在山洞外，肾上腺素排出，自主神经系统启动，准备反击。这一系列生理过程在惊恐发作中也有明显的触发，只不过所谓的老虎大部分时间并不在洞口，它只存在于焦虑症患者的脑海中，但它总是出现。直到到达某个时刻，你再也无法和这只脑中想象的老虎战斗下去了，无法再处于持续警觉的状态。总是害怕，太累人了。于是，在某些时候，一种麻痹的、吞噬一切的悲伤袭来。抑郁就像沉重的、黑暗的雾在脑中扎根。

心理的惊恐是多种多样的。例如，有社交恐惧症的人总是在一部充满尴尬的电影中看到自己。在这部电影中，他们是主角、失败者、每个人都嘲笑的笨蛋，所有人都觉得他们很蠢。他们感觉自己受到别人的评价、批评和观察，并且非常害怕这一切，也受不了这样的评价。这就是为什么他们变得退缩、拘谨，避免与他人接触。

患有广泛性焦虑症的人也是如此。但恐惧往往不那么具体，而是比较宽泛。这些病人被一种持续的恐惧感和被威胁感、一种无法放松的感觉折磨，因为他们感受到一种不定型的危险，而又不确定危险潜伏在哪里。他们根本无法客观地评估危险，也无法接受不确定性本身就是生活的一部分——毕竟只要活着，就会发生一些事情，每个人都必须面对。

强迫症患者试图通过诸如洗涤等控制、强迫之类的仪式来缓和焦虑以及危险的消极想法和冲动。这种机制非常狡诈：如果患者做了某件事，他就告诉自己，这样做我就不害怕了，我会好起来的。于是，他们屈服于自己的强迫冲动，但代价很高——因为他们必须不断增加剂量，直到对强迫行为上瘾，变成"瘾君子"。

还有些强迫症患者对自己的或者所爱之人的身体产生了恐惧强迫，这也是我之前遇到的问题。恐惧成了我不变的伴侣，像个丑陋的小矮人一样蹲在我的肩上，对我低声说着糟糕的事情。这主要是一种感觉，为了避免这种消极的感觉，我产生了强迫行为，不断地跑到医生那里做身体检查——次数多到荒谬的程度，直到恐惧感消失，我才停下。而且，我学会了逃避。我再也不碰身体的某些部位了，因为我害怕感觉到任何可能让我害怕的东西。我再也不看自己的排泄物了，因为怕发现里面有血；我再也不用白毛巾了，因为担心上面可能会有从我身体里出来的任何污物，而且表明我有疾病。我成了一个有着奇怪癖好的人。这些"仪式"让我得以暂时平静下来，最终却越发加重和巩固了我的疾病。我学会了"服侍"它。它低声说：这样做，别那么做。我——服从，我成了它的奴隶。

然后我开始把恐惧扩展到我的孩子们和妻子身上。孩子们每一次感冒，我都怕那是潜在的肺炎。妻子的每一次腹痛，在我眼里都成了结肠癌的征兆。我总是过度关心着所爱之人，到处看到各种灾难和受苦，例如，我会仔细地检查食物的保质期，担心他们会害到自己。有访客的时候，我会给浴室消毒。幸运的是，歌莎阻止了这些疯狂的行为。她就像一堵防火墙，为我们提供了一个客观的视角看待周围真正的危险。如果没有她，我会变成一个神神道道的怪人。我的世界完全失控了，唯一的出路是寻求专业帮助。

机场复发

如今，经过一些治疗，我在很多方面都做得更好了。我知道自己所患疾病的机制，我知道恐惧是如何加剧的，以及我应该怎么做防止恐惧升级。而且我的努力通常都是有效的，我走过的低谷已经不像以前那么深了，尽管它们还在。恐惧这个非理性的动物总是潜伏在阴影中，不知会从哪里冒出来攻击我们。不幸的是，它经常在你最意想不到、没有竖起防护墙的时候抓住你，就像几个月前在慕尼黑机场发生在我身上的一样。当时，我和同事乌尔里克（Ulrike）对一位著名的小提琴家进行了一次联合采访。当我从汉堡起飞，通过安检扫描仪时，机器叫了。扫描仪的屏幕上显示我的腹部有个东西。安检人员检查了我，但没有发现任何明显的东西，所以我可以继续前行。当我们完成采访后，乌尔里克再次和我在慕尼黑机场办理登机手续，并再次通过安检扫描仪。我又一次被拦住了。扫描仪的屏幕再次显示，我身上与上次类似的位置有一个东西。不知从哪里冒出来一个想法，我突然觉得扫描仪叫了，是因为在腹部发现了一个肿瘤。我知道这是一个疯狂的念头，但我立刻感到恐惧，脑袋再也没法思考了。对睾丸癌的恐慌也是我无数恐惧中的一条。我在安检区附近硬待了很长一段时间，观察其他男人通过时扫描仪是否也会发出"警报声"，直到一个觉得我有些奇怪的警察问我怎么了。我本来想说："警官，扫描仪恐怕刚刚发现了我体内的睾丸癌。"相反，我结结巴巴地说："没事，我只是在等一个人。"

乌尔里克很担心我，她注意到了我的不安。因为我们是好朋友，而且她知道我的"疯狂"，于是，我告诉了她自己在想什么。乌尔里克不仅是一位杰出的记者，也是一位富有同情心的人。她没有嘲笑我，而是试图让我平静下来，在谷歌上搜索"机场的扫描仪能检测出疾病吗"，并向我展示这是不可能的。然而，我花了几个小时才把这种担忧从脑海中抹去。其实，在我已经离开安检区之后，我又特意再走了一遍，目的只是再通过一次安检扫描仪。这次显示右侧骨盆出现异常——这并没有让我的心理状态变好。乌尔里克甚至建议我们把裤子对换一下再过一遍扫描仪，这样我就会发现扫描仪出现异常可能是因为裤子的褶皱、铆钉什么的。但这个非常好的建议对我来说有点夸张，我友好地拒绝了。警察可能会立即逮捕我们，并问我们为什么要频繁地做安全检查，还穿着不同的裤子。

几周后，当扫描仪事件对我来说无关紧要了（我和全科医生聊过这件事），乌尔里克告诉我，当时在慕尼黑的时候，她真的想笑，然后敲敲额头[1]。但她补充道："尽管扫描仪可以显示疾病的想法听起来很愚蠢，尽管这一切都是不真实的，但我清楚地意识到你的恐惧是非常真实的，所以我当时才认真地对待你那些疯狂的想法。"

她说的没错。恐惧的的确确是真实的，理智已经消失，我当时情绪

---

[1] 在德国，人们常常喜欢用食指敲敲额头，以表示某人的思想或行为不正常。——译者注

异常。不过，如果乌尔里克当时选择敲敲额头说："你知道，是你疯了。我们喝杯啤酒吧，然后飞往汉堡。"这样反而更好。

因为这是摆脱恐惧的唯一途径。不给恐惧任何空间，而是戳破它，然后"正常"地继续生活，该干吗干吗，而不是像个笨蛋一样在慕尼黑机场的安检区鬼鬼祟祟地走来走去。

请一定要跟一个脑子里正沉浸于某个问题的人这样说，而且这个问题每时每刻都在变得越来越夸张、越来越有威胁性：为什么扫描仪会两次发出警报？为什么？不好了！这可能是出事的征兆！

顺便说一句，后来我发现警报异常是因为各种各样的东西：裤子里有皱巴巴的手帕、裤子的褶皱（乌尔里克是对的）或者就是无缘无故。还有，我现在坐飞机的时候，再也不看扫描仪的屏幕了。我才不介意有没有警报。

| 第 4 章 |

找到对的治疗师并不容易

很长一段时间，我试图以某种方式自己解决问题。直到从某个时候开始，我知道这样下去行不通了。妻子也无法倾听我持续不断的忧虑，无法在我每一次惊恐发作的时候让我平静下来。我开始在网上搜索治疗师，但不知道应该选择哪个治疗方向。我猜谈话疗法是对的，谈论我的恐惧肯定会有帮助。我想把它给说走，但这只停留在想法的阶段，仿佛有什么东西阻止着我付诸行动。也许是因为打这样的电话意味着我不得不承认自己真的有精神病，而且无法自救，我就是没法儿说服自己拿起电话联系附近的一位治疗师。

我清楚地记得大约20年前的那一天，当时情况发生了变化，我最终下定决心寻求专业帮助。但这一转变并非完全出于我的自愿，决定性的临门一脚是一位泌尿科的医生给的，因为他生气了。那会儿，我30岁出头（还很年轻），每年都要做一次预防性体检。在做体检之前的几个星期里，我总是心烦意乱，因为我会脑补出各种各样糟糕的事情。当所有结果都很好的时候，我才能松一口气，重新振作起来，决心好好生活。但这种欢快通常只能持续一周的时间。疑虑是抑郁症和所有强迫性疾病的"核燃料"，怀疑总能让恐惧保持活力，我很快又开始怀疑一切。检查的时候，我都问明白了吗？我有没有跟医生描述清楚所有的症状？他都检查过了吗？做超声波的时候，他有没有流露奇怪的表情？他为什么说"到目前为止，一切都很好"，为什么只是"到目前为止"？于是，通常在检查结束没几天，我就又开始"作妖"。一般，我会打个电话或者写封邮件来再次确认自己没病。而有时候，我会折磨自己1个月，然后再去找同一个医生或者换一个医生看病。

那天不太一样。在离开诊所甚至还不到100米的时候，我的脑子里就开始闪过荒唐的、令人害怕的想法。我坚信，只有再跟医生谈一谈，这种恐惧才能消失。于是，我转身回到医生的办公室，向一头雾水的工作人员解释，我忘了一件重要的事，并要求他们让我再见一次医生。他们让我等了一会儿，后来还是同意了。泌尿科医生皱着眉头看着我，听我讲了些歇斯底里的话。他感到有些烦躁，不明白我想要干什么。我刚刚接受过检查，根本没有任何必要再次问诊，更不用说进行进一步的检查了。我的脸红得很厉害，我感到很羞愧，于是我猛然站起身来，结结巴巴地道歉，想离开房间。但后来医生想了想，说："等一下，你再坐一会儿。"我照做了，低头看着地板。医生的声音此时变得很温和，他说道："显然，我帮不了你。你的问题不是泌尿外科能看的，你恐怕有心理问题。我强烈建议你解决这个问题，去看看心理医生吧。你愿意吗？"我绷紧了神经，说道："好的，我会的。"于是当天，我就给一家心理治疗诊所打了电话。

我打过去，并留了言。治疗师回了我的电话，并给我预约了一次所谓的初次会诊咨询。这有助于相互了解，澄清是否存在值得处理的问题以及双方对彼此的期望。时至今日，流程依然是这样的。不过，初次的见面咨询是在"心理治疗咨询时间"的框架内进行的。根据2017年的一项医疗改革，每个医保体制内的治疗师都必须提供这种咨询时间。此后，健康医疗保险公司一般会允许四五次所谓的"试咨询"，即试用期，没有立即达成明确的固定就诊。之后，必须由治疗师向医保机构申请固定就诊，并得到医保的批准。这通常是最大的问题：治疗师必须有空的档期进行治疗。在德国，开始进行常规治疗的平均等待时间仍然长达20周左右。在偏远地区，这一数字还会进一步上升。

好吧，我现在预约了第一次会诊咨询，地点在汉堡埃彭多夫的一座老建筑里。我开车过去，按完门铃，走进了光线昏暗的公寓。一个50多岁的蓄着胡须的男人把我领进一间幽暗的木镶板的房间，让我坐在一张沉重的皮椅上。我立刻感到浑身不自在。在我们开始交谈之后，这种感觉也没有消失。其实，这个大叔并没有做错什么，但我立刻意识到：我不想和他交流我的心理问题。不过，我还是告诉了他那些让我感到沮丧的事情，他点点头，不时地做一些笔记。我心里忍不住想：他根本不在乎我的事儿。后来，出于礼貌，我又预约了一次会诊，不过一天后我通过电话取消了。

之后，我换了一位35岁左右的女治疗师进行初次会诊咨询。她给我的第一印象很好，但一想到要告诉这位优雅的女士我时常会焦虑地抚摸自己的睾丸，我就感到很羞耻。为了避免尴尬，我非常友好地结束了咨询，继续寻找汉堡的其他治疗师——一个真正适合我的治疗师。但是，似乎真的找不到：要么是等待的时间太长，要么是我们之间的化学反应不对，要么是地址太远，导致我没法在工作日灵活地协调就诊时间。毕竟，我还没有准备好向同事们坦白我的问题。

之后的一段时间里，我一直在家里打电话、预约，不断地遭遇失败。我想开始治疗，但就是没法成功。呃，我真的想要开始治疗吗？后来我意识到，我可能是在下意识地寻找理由，挑这个治疗师的错，找那个治疗师的碴儿。当然，要选一个合适的治疗师是毋庸置疑的。如果你对某个治疗师的第一印象很差，那就不应该继续找这个人。但是，在我承受着巨大的心理痛苦的情况下，其实路远或者等待的时间长并不是一个很大的问题。痛苦的压力是我疾病的一部分，我无法决定选哪个治疗师，以及我愿意为此承担什么代价。我犹犹豫豫，来回拉扯，既想要接受治疗，但同时也是那个阻碍自己开始治疗的人。

就这样，我的病情恶化了。除了对疾病的恐惧之外，还出现了强迫念头，这让我非常震惊。有一次，在我开车带歌莎和孩子们出行的时候，我突然产生了一个念头：开车去撞一棵树，让我们一起死。当时，我被这个想法吓坏了。我目瞪口呆地在方向盘前坐了一段时间，然后把车停在路边，让歌莎继续开车——我跟她说我累了。事实恰恰相反，我的脑子里疯狂地响起了警报，我到底怎么了？坐在妻子边上的我像一大堆痛苦的结合体，我想我终于还是疯了。显然，我刚才竟然想毁掉我所拥有的最珍贵、最重要的一切。太可怕了！一种夹杂着恐惧、内疚和困惑的复杂情感在我的脑海中肆虐。

在接下来的几个星期里,这种破坏性的幻象一次又一次地出现。我感觉自己是一个大混蛋、一个潜在的神经病变态杀手。在后来的治疗中我才了解到,有这种破坏性的想法,但从来没有付诸实践,这是典型的强迫症状。对你来说最可怕的事情是,这些恐惧的幻象占据了你思想的最前沿,它们让你感到如此真实。病魔在你身边低声呓语:看看你自己是什么烂人。因为这就是你想要的——摧毁一切。你不就是最烂的吗?同样,病魔还会低声耳语:看,腹部有一阵刺痛,你肯定是得了癌症。

太可怕了。我又开始严重失眠,无法跟别人交流,觉得自己很恶心。如果这时候有人能跟我解释说,这不是真正的我,而是疾病带来了这些念头,那该多好,我心理上的重担一定可以轻很多。但是,没人能给我解释,因为我仍然没有找到心理医生。

直到我几乎再也睡不着觉后,歌莎给我下了最后通牒,强迫我去看我们当时的家庭全科医生。他听我倾诉后,马上给我预约了他的妻子——一名谈话治疗师。那是一位很友好也很有同情心的女士,见面半小时后,她说:"你需要一个真正的治疗师,一个能让你重新走上正轨的人。而且我心里有一个很好的人选,我一会儿给他打电话后再给你回电。"

就这样,我认识了马丁(Martin)。

我的第一个治疗师

看到他第一眼,我就觉得他人很不错。那会儿,我还叫他穆勒医生。

多年后，我们才开始不使用敬称，但也仅限于诊疗时间之外。马丁很专业。他是一名内科医生及心理治疗师——能集二者于一身非常棒。对我来说，这是非常理想的双管齐下。直到很久以后，我才意识到事实并非如此。但更重要的是，首先，马丁为我提供了深刻而扎实的心理谈话疗法。我第一次见到他是在一个温暖的夏日下午——在他家地下室的办公室里。我在前厅等着，门开了，一个身材矮小但异常魁梧的人给了我一次坚实的握手，邀请我进入房间——一个舒适的大房间，里面有一张结实的书桌和一个靠近窗户的休息区。我坐下后，等着下一步安排。马丁看着我，显然感觉到了我的紧张，他说："深呼吸，没事儿，放松点。我们这儿不打人。你最好先把医保卡给我，手续办完以后，我们就开始聊聊。"

一切都顺利地进行着。马丁问，我回答。他很专心，做了笔记，还追问了一些更精确的细节。在我的设想中，咨询就应该是这样进行的。我觉得自己像飘起来似的很放松，诚实地回答着问题，只是对那些奇怪的毁灭狂想有点犹豫不决。但马丁很快就消除了我的担忧："人性很复杂，我觉得有什么想法都很正常。我在医院工作了很多年，也作为一名治疗师工作了很多年，没有什么能让我大吃一惊。直接痛快地把话说出来就好，我所关心的就是您脑中的想法。"那时候，这些话对我有很大的帮助——这意味着我能够在一个受保护的环境中开诚布公地谈论自己的问题。

50分钟过得很快。在不到1周的时间里，我们又安排了另一次会诊。

接着，一次次的后续会诊接踵而至。马丁很快就成了我的恩人，他是我心理问题的救命稻草。他允许我自由地倾诉，准确地描述我的恐惧，他仔细地了解着我的生平。为了让你们更加了解我，下面是一些简单的总结。

凯斯特·施伦茨，身高170厘米，体重55公斤，牙齿有点歪；很瘦，但很硬朗；不怎么帅气，但也不丑。出了名的爱逗乐子，如果没有处于抑郁状态的话。生于1958年。爸爸是当兵的，妈妈是家庭主妇。我有一个姐姐和一个弟弟，是中间的那个老二。出生于德国基尔市，在石勒苏益格市长大。16岁时搬到汉堡郊外的一个小镇。1990年娶了世界上最好的女人歌莎，有两个很棒的成年儿子：汉尼斯（Hannes）快要读硕士了，亨利（Henri）正担任牧师的职务。

高中毕业后参与社区服务。那时候还玩了不少音乐，在好几个乐队做鼓手。第一支乐队叫Sadoboys（那会儿，我们年轻又自由自在，对这个名字所影射的有关性的含义还不太清楚）。之后学习了语言学，辅修文学和心理学。（读到这里，我大概能猜到你在想什么——但在心理学这门辅修课上，我只研习了语言和个性的发展这部分，没有接触到精神疾病。）学习期间，我已经成为一名自由撰稿人。从汉堡大学毕业后（您可以叫我文学学士），第一份工作是在《电影》（Cinema）杂志担任编辑。那是一段很美好的时光：在编辑部里放飞自我，还能经常在电影院待着，而且还去了两次戛纳电影节——有一次，甚至在那里遇见了朱迪·福斯特（Jodie Foster）。超赞！

之后，跳槽去了女性杂志《布丽吉特》（*Brigitte*），并在那里度过了15年的美好时光，最后几年担任文娱总监。然后，跳槽到《明星周刊》担任文化主管，在9年的工作中充满了挑战，但我做得很不错。至今，我仍然是《明星周刊》的特聘撰稿人。在此期间，我还写了几本书。有几本卖得很好，也有销量不太好的。我喜欢有蝾螈的花园池塘。有一些很亲密的好朋友，还有很多关系不错的熟人。此外，我戴眼镜，有个啤酒肚，经常慢跑，不太有耐心。我总想做好人，但并不是总能做到。我的座右铭：保持冷静！

反正，当时我把自己的整个人生都跟马丁说了一遍，基本上就是上面这些。马丁想知道我第一次出现病态恐惧是什么时候的事。我告诉他，自打进入青春期，我就开始担心自己生病了。我在青少年杂志 *Bravo* 上读到一些疾病的症状，就马上联系到自己身上。以前我可能并没有这些症状，但看完之后就有了。只有去看医生，才能帮助我减轻恐惧。为什么我会这样？很难说。

恐惧可以后天习得

我认为，我们姐弟都是从家里习得了恐惧。尤其是我们的妈妈，她觉得到处都有危险，不停地叫我们照顾好自己。她84岁的时候还是这样。在我去探望她的时候,她对自己61岁的儿子说:"你过马路的时候要小心啊!"

虽然在我们还是孩子的时候,经常在外面玩,但总的来说,我们依然是一个不怎么出门的家庭。我们几乎没有去度过假,没有自己的车,而且活动范围基本局限在最熟悉的环境里。我爸妈喜欢待在他们认为安全的舒适圈内,不喜欢进行新的尝试。不过,一路成长到青年时代,我基本没有遇到过重大的问题。我不是一个天不怕、地不怕的人,但我经常和朋友们一起在外面闯荡。1986年,就在参加大学考试之前,我经历了第一次严重的精神崩溃。那时发生了切尔诺贝利事件,我非常害怕辐射可能导致的癌症。当时有很多人都很担心,但我是真的非常恐慌,就好像有一颗原子弹落在了汉堡市内。

尽管如此,我还是通过了考试。其实,我从来没害怕过自己会不及格。不管发生什么事,只要是面对具体的挑战,我总是能够很好地应对。一直以来,我所担心的、直到现在也仍然担心的,全是些模糊的、不具象的事物。我对核能的恐惧和由此产生的抑郁情绪持续了将近1年,直到与朋友、医生进行多次交谈后,一切才慢慢平复。那会儿,我已经和现在的妻子歌莎在一起了——她勇敢地和我这个"疯子"老公在一起。

我把这一切都告诉了马丁,也是在这时候,他向保险公司申报了治疗,我开始在他这儿正式地接受治疗。很快,申请成功了,接下来的几个月里,我们每周至少要见1次面。我没有错过一次和他的会诊,只迟到过1次。和他交流非常重要，我享有绝对的优先权。

马丁很有耐心，很在乎病人，也很有想法。在一开始的几周里，我们主要研究了我的生平。他想知道我和父母以及兄弟姐妹的关系如何，还有我对童年的整体感受。我们很快就发现了一件事，他认为这件事非常重要：在我还是小男孩的时候，我就很害怕我的父亲。而且，我的姐姐和弟弟也是。其实，他从来没有暴打过我们，但是，我们却时常在他身上感受到一种潜在的烦躁易怒。在很久以后，我才意识到，他是在为过去没能活出自己的人生而难过。我的父母在很年轻的时候就认识了，尽管他们还远远没到谈婚论嫁的阶段，但在母亲怀孕之后，他们不得不匆忙结婚。父亲当时是一位戏剧画家和业余音乐家，收入不高。为了养活家庭，他作为一名职业军人加入了德国联邦国防军（Bundeswehr）。但是，他根本就不想当兵，也不是这块料。我想，他的一生都在为这个决定而苦苦挣扎，也因此成了那种非常拧巴、很难相处的人。但是，从别的方面来说，他又很有魅力，也很有意思，说起话来机智风趣。和他相处，我有些患得患失、爱恨交加。我想要得到他的认可，爱他，但又怕他。马丁认为这可能是我那些恐惧的一个源头。我们花了很多时间分析我和父亲的关系。当然，我的母亲和她持续的恐惧也是一个重要的主题。通过谈话，我们很快明确了一点，恐惧是笼罩着我童年的主要情绪之一——恐惧和不安全感。整体来说，我和母亲相处得很好。她觉得世界上充满了各种各样的危险，而父亲则觉得世界上充满不如意，为了世界没能让他按照自己想要的方式生活而痛苦。而且,这样的世界观导致他们做出的反应是把自己和世界隔离开来。在家里的时候,他们觉得世界是美好的。当然,他们也可以通过电视看看外面发生了什么疯狂的事情。但是,出去亲身体验下?最好还是免了。所以,在整个童年,我只记得出去度了两次假。我和姐姐、弟弟都成了非常谨慎的人,尽管我们内心很不想这样,但时至今日还是如此。幸好,学校和朋友们提供了与父母不同的环境。我们每个人最终都能够做自己,也活出了各自的精彩。但是,我确信,或多或少,我们身上还是残留着家庭的精神烙印。

可是,所有这些就能解释我严重的心理问题吗?在20世纪六七十年代,很多孩子不都是这样长大的吗?还有很多人经历过更糟糕的事情:我认识的其他联邦国防军人的孩子,经常在家里被暴打。不过,这些孩子后来也没有都因此而心理崩溃。事实上,不管怎么说,我的童年在马丁对我的治疗中是一个重要的主题。

不论在我还是个孩子的时候还是成年以后,我从来都没有和父母谈起过我的心理问题。但是后来,我突然觉得完全不让他们知道和插手是不公平的。歌莎、我的姐姐和弟弟,以及很多朋友都知道我的问题,只有他们两个人以为一切都很好。所以,在某个星期天,我开车去了他们那儿。去之前,我就跟他们说了,我有些事情要告诉他们。当时他们已经60多岁了,非常期待,还以为我们要给他们添个小孙子,又或者我在事业上有了什么新的进展。但在他们一边喝着咖啡一边吃着蛋糕的时候,听到的却是他们的儿子凯斯特患有精神疾病,已经接受了几个月的治疗,甚至可能还要住院治疗。一时间,他们几乎无法承受这个消息,面对我的坦诚自白,完全不知所措。我爸沉默不语。我妈则对我说道:"凯斯特啊,关键是你要好好吃饭。要不你星期天中午到这里来吃饭吧?我给你做你最喜欢吃的东西。一切都会好起来的。"这太荒谬了,甚至有点滑稽。我妈觉得火鸡大腿配红卷心菜能治好我严重的精神失常。我差点笑出来,但我什么也没说。在静静地沉思了几分钟之后,我爸环顾了一下房间,仿佛在某个地方挂着一个牌子,上面写着适合这种情况的正确回复。然后,他看着我身边一个想象中的点说道:"所以,你接受了一种治疗。我想,肯定是我们做错了什么。"我妈也点了点头。

讳莫如深

这让我大吃一惊。我的爸妈没有同情和安慰我,反而立刻把整件事都扯到自己身上,显然,他们害怕受到责备。我不禁落泪。"这不关你们的事,"我说,"是我病了,而且情况很糟糕。"直到这时,他们才转变了想法,表现出同情心。但我能感觉到,他们并不理解我。他们只是不明白为什么自己的儿子——一个事业有成、令他们骄傲的人,现在却成了一个精神上的残疾人。他们拒绝接受这件事。奇怪的是,即使在那时,我也没有太大的怨恨。我知道他们这一代人无法很好地处理这种问题。他俩分别出生于1931年和1934年,童年的大部分时间都是在战争中度过的。像其他数百万人一样，他们很少或根本没有谈论过自己的经历和创伤——更别提更年长的那一代人了，他们闭口不谈自己在前线作战的经历，从来没有正式地面对和处理过这些问题。我的父母根本不知道该说些什么话来处理我的疾病。他们感到无所适从、很不自在。没有人会把这种事情说出来的。具有讽刺意味的是，他们担心我需要接受治疗是他们造成的。或许他们的担心也没错，尽管如此，我必须明确地声明，我不想责怪我的父母。责怪太容易了，而且也解决不了我的问题。

在20年后，父亲患上癌症。我和姐弟们一起承担了照顾父亲的责任。我忘了当时是怎么分配任务的，反正最后由我陪他去看肿瘤科医生，了解他的病情是否还有治愈的希望。答案是没有。

虽然那会儿我的精神状况好多了，但直面疾病以及和医生们见面依然让我有点退缩。我度过了几个不眠之夜，后来还做了全面彻底的体检。然后，我和弟弟一起在家里接了父亲，把他送到了一个临终关怀中心。杰拉尔德（Gerald）和我永远不会忘记当时的情景。父亲一直努力保持着冷静和克制，他站起来，穿上外套，又转过身来，回头看了一眼他再也回不来的家。弟弟和我还能回忆起，他在更衣室里待了一会儿，摩挲着那件他最喜欢的夹克。时至今日，我们还会想，他在那一刻有什么感受和想法。然后，他离开了家，再也没有转身回头看。当然，母亲当时也在，但她似乎搞不清楚状况。我想，这一切对她来说太难理解了。父亲在临终关怀中心待了一个星期，并在那里安详地去世了。有这种中心的存在，真是一件幸事。

而就在我写这本书期间，母亲也去世了。她已经病了很多年，经常神志不清。在84岁的时候，她得了肺炎，一直没有痊愈。就在她去世的前一天，我去医院看望了她。那一次见面非常愉快。情况并非总是如此，母亲的脾气有时非常不好。但是，我们最后一次见面是和谐的。当时，她呼吸困难，非常害怕。我在她的床边坐了很久，握着她的手。她明显平静了下来。然后，她跟我说："好了，回家吧，孩子。很高兴你能来陪我。"

那一面便是永别。第二天，我要去柏林采访一位重要的人物坦克雷德·施特（Tankred Stöbe），一位17年来一直在"无国界医生"组织工作的医生。访谈结束后，我坐上公共汽车前往中央火车站，当我在路上打开手机时，我看到医院已经给我打了好几次电话。电话又响了。病房医生打电话告诉我，我的母亲刚刚去世了。夜里的时候，她的病情迅速恶化。我感觉有点奇怪：我坐在柏林的一辆公共汽车上，得知了母亲的死讯，而我刚才还在和一位医生谈论他在战争和灾区治疗创伤的任务，没想到死亡的打击就在身边降临了。

我结束了谈话，走了出去，做了一次深呼吸。我有什么感觉？不真实感可能是最贴切的感受。我搭乘了下一班快车去汉堡，歌莎在火车站接我，我们开车去了医院。母亲躺在房间里，一支蜡烛在燃烧，一小群人聚在房间里。直到这一刻，我才哭了出来。这是生我养我的女人安息的地方。也许她没能做对很多事情,就像我父亲一样,但我没有怨恨,对他们俩都没有。我的父母深受他们那个时代的影响。是的,他们犯了错误,但也许,我的儿子们将来也会因为一些事情指责我,而我现在可能都没有认识到那些错误。随着母亲的去世,我生命中的一个篇章不可逆转地结束了。我不再是任何人的孩子了。可能还有问题,但没有答案了。只剩下回忆,有好有坏。

是因为我的童年吗?

虽然在治疗期间,和马丁一起解析家族史并且了解很多事情是很好的,但我暗暗怀疑这种治疗是否真的能帮助我克服恐惧。一次又一次,对疾病的恐惧困扰着我、折磨着我。治疗似乎陷入僵局。马丁开始关注我生命中的另一个重要问题:我的身体和我。这是一个棘手的话题!从小我的身体就不太好。还是婴儿的时候,我就经常有强烈的饥饿感。不是因为我没有吃东西,而是因为我得了胃痉挛,导致食物不能及时消化和吸收。放在今天,这种病可以用药物治疗,但在那时必须做手术。不过还好,手术一切顺利,所以当我还是个婴儿的时候,我独自在医院里躺了好几个星期,没有在家和父母在一起。当然,我对这件事没有任何记忆,但是,我与父母的亲密感和信任感有可能因此建立得不充分。之后,我回到家,身体恢复正常。或者说,几乎恢复正常。从身体素质上看,我始终没有长成猛男,而且几乎一直是班上最小、最柔弱的那个小男孩。直到今天，如果用我们德国北部的俗语来打趣儿，我就是一只"蜘蛛"，或者叫"芦笋泰山"，是不是挺形象？我一直想变得更大只，拥有更多的肌肉，但我做不到啊！苦于无法变得强壮，我只好用幽默和一张馋嘴来补偿。我从没想过会因此而有落败感。我努力不让自己"扮演"弱者，并始终坚持做自己。但是，健康问题显然对我有影响。我的身体和我从来没有成为真正的好朋友。我对自己的身体素质一直不满意，不安于这副躯壳。也许这就是为什么我直到今天都不相信它，一直认为它早晚会让我失望。

当然，在现在这个非常看重身材、力量感、健康、匀称和外貌的社会，我肯定不是唯一一个觉得自己身材有问题的人。尤其是社交媒体中充斥的对女性外在美的大量高要求审视，导致她们经常产生身材焦虑。不过，男性也越来越多地受到影响。但是，并不是每个人都会因此而患上精神障碍。对我来说，对身材的不安，对自己身体的不认可，曾经是一个很大的问题。有很长的一段时间，我无法与自己和解。我总是那个放弃打架的人，因为别人往往都比我强壮。他们把我扔进浴场的水池里，但我从没扔过其他人，我也不会欺负比我更弱小的人。当学校的足球队选人的时候，我总是和班上的胖子、病号或者打着石膏的同学一起坐在冷板凳上。对我来说，这是一种深深的羞辱。直到今天，我仍然不明白，让这种事情发生的体育老师为什么还好意思声称自己在教书育人。

在和马丁的谈话中，我才意识到这一切不仅伤害和折磨着我，而且还让我产生了未被承认的、压抑在心里的攻击性。也许这可以解释为什么直到今天，在不高兴的时候，有时我会突然暴怒。当我还是个孩子的时候，就曾暴怒到无法自控。那会儿我大概12岁，在玩的时候，一个同学无缘无故地推了我。我摔倒了，手擦伤了，很痛。然后，我的内心发生了变化：我从"受害者角色"变成了粗暴的"尼安德特人"。突然间，我眼冒怒火，大吼起来，暴跳如雷，抓起一根棍子冲向那个同学。他愣在原地，惊呆了。什么？凯斯特会还手？我的愤怒、我的尖叫、我扭曲的脸，最重要的是加上我的棍子，创造了奇迹。男孩转身逃跑了。我追着他跑。同时，我还开始放狠话、说脏话。我不再思考，只是顺着自己愤怒的心情对他大喊大叫："我要杀了你！我要打死你！我要让你血流成河！别动，你这个混蛋！"我疯了，失去了理智。他逃走了。我不再继续追，站在原地喘着粗气，感觉很不错。当一个人受伤后进行反击的时候，有这种感受也不奇怪。

但这件事仍然只是个例外。不久之后，在打雪仗时，我被一个肌肉发达的家伙戏弄了。他把雪塞进我的毛衣里，紧贴着我赤裸的皮肤。直到今天，我都想打死他。我把这一切都告诉了马丁。在治疗期间，我们一起回顾了我的过去。这些"回顾旅行"是典型的深度心理治疗。我们要回顾过去、识别行为模式、吸取教训、找到事情合理的阐释，并了解背后的深层原因。所有这些都是治疗师想要了解的，他们会倾听，不时温和地引导病人回到那些尘封已久但却从未遗忘的地方。重点就是要回到那些不太好的地方。在这个过程中，你内心被压抑的一切——那些从未放过你且一直延续到现在的事物——经常会被释放出来。难怪心理学家斯蒂芬妮·斯塔尔（Stefanie Stahl）的书《给内心的小孩找个家》（*Das Kind in dir muss Heimat finden*）这么畅销。这本书的书名听起来尽管很老套，但却吸引了很多人。每个人的内心都有一个孩子，如果我们有困惑，就必须再次和TA交朋友，以便更好地了解自己，好好生活下去。不是每个人都必须这么做，但几乎每个人或多或少都背负着过去的包袱。过去的重压，可能会在现在压垮你。

如今，作为一个处于最佳状态的男人，我和自己以及自己的身体都相处得越来越好了。以前，我曾经羡慕过许多朋友的身材比我好，但他们现在大多都开始挺着个啤酒肚、大腹便便，而我倒没有，这让我的心理更加平衡了。

和马丁讨论了所有这些事情后，我意识到，在很大程度上，我也在根据社会规范和所谓的男性特征衡量自己，因此才对自己有诸多的不满意，这对我很有启发。我应该学会接纳自己本来的样子，不再到处挑毛病，学会欣赏自身的美好和优点，比如我的创造力。我这样做了，而且也很有帮助。但是，我对疾病的恐惧仍然存在。

马丁给我开了抗抑郁的药。我吃了一个星期，然后在他的同意下停了药，因为我感觉非常糟糕。我头痛欲裂，睡眠也变得更差了。我对这些药片完全不信任，而且觉得它们会把我的个性变得消极。马丁一开始让我再多点耐心,但后来他意识到我内心非常抗拒这种药。我想得到帮助,但是,却不想吃任何药。

于是,我们尝试了其他方法。马丁教了我各种放松技巧。冥想、身体旅行,感觉都很不错。但我的恐惧依然存在。"你不能指望出现奇迹,"他说,"这一切已经折磨你很长时间了,你需要时间慢慢地从中走出来。"

我也没指望出现奇迹。至少马丁的治疗对我有好处,帮我减轻了不少恐惧。我有了一个可以倾诉的人,而且我的抱怨不会成为他的负担,但愿如此。此外,马丁是一名医生,所以除了能减轻我强烈的恐惧,还会给我解答关于健康的诸多疑问,这也对我很有帮助。可惜,效果只能维持短暂的时间。我们俩都没有意识到,时而让我安心的这些安慰,反而让疾病处于一种稳固的状态。也许,不论作为病人还是治疗师,我们都没看出其中的强迫机制吧!但马丁似乎察觉到了,他经常说他是我的治疗师,并不是我的家庭医生,但我总是陷入绝望和恐惧,以至于他经常屈服,不得不努力让我平静下来。有时候,这些帮助也能持续一段时间,特别是在我无法正确地对待药品、高估风险或者缺乏安全感的情况下。但是,从根本上说,这种治疗方法没法取得更多的进展了。恐惧仍然存在,一次又一次地出现。我们不断地在问题的边缘徘徊摸索,总是无法直捣黄龙。

尝试寻找恐惧的原因很有趣,但最终还是徒劳无功。在还是个孩子的时候,我可能就已经失去了信任感。知道这一点,对我有什么好处呢?

我母亲总是陷入恐惧和担忧,所以我从家庭环境中习得了恐惧。让我意识到这一点,又能帮到我什么呢?当我知道,我对自己身体的感受似乎并不正确时,我又能做些什么呢?

我明白了为什么这一切困扰着我,但理解并没有带来任何实质性的结果。恐惧在我的大脑中铺设了一条心理高速公路,它随心所欲地开着保时捷在上面飙车。马丁已经设法让公路警察时不时地参与进来,恐惧停下了,有人对它做出警告,它表现得很配合,放慢了速度。但只要警察一离开视线,它就又开始加速。

真相大白之日

有一天,真相终于大白了。马丁坐在我对面,跟我说:"我在一次案例督导中描述了你的情况。经过讨论,我认为我帮不了你什么了。我意识到,你在我这儿治疗是错误的。你需要的是行为疗法。"听了他的话,我和我的一大堆痛苦静静地坐着,努力忍住眼泪。"那怎么办?"我问他,"我现在该怎么办?我该去哪里?"但幸运的是,他已经为我做好了准备,并给了我一份行为治疗师的推荐名单。他特别推荐了其中一位治疗师。"我认为兰普雷希特(Lamprecht)博士很适合您。她的声誉非常好,曾经是一家心身诊所的主治医生,而且至今她还和那家诊所保持着联系。如果你决定去诊所治疗的话,会很方便。"

他甚至已经和那位治疗师通过电话了,问她是否愿意在短时间内给我做初次会诊。他还特意跟她说了给我治疗的紧迫性。"那以后我们不会再见面了吗？"我闷闷不乐地问道。"不急，"马丁说，"我还是你的治疗师。我们会做好平缓的过渡。只有当你真的找到合适的治疗师时，我才会放手。"

我沮丧地走出了他的办公室，在家里哭了一会儿，然后给兰普雷希特医生打了个电话。她的声音很好听，愉快而充满活力。我留下了号码，她说会回电。晚上的时候，她打了过来。"您的治疗师把您的情况都告诉我了，"她说道，"但是没有告诉我您的名字。我很高兴您提到了他，所以我马上就知道是您了。您后天下午4点有空吗？我可以给您安排初次会诊，到时候我们再细谈。"我答应了。于是，我按时间来到兰普雷希特医生那里。这是一个决定性的转折。

仓鼠摆脱转轮的方法

她看上去大概40岁，和蔼可亲，就像我通过电话里的声音想象的那样热情洋溢、充满活力。我们很合得来。在第一次诊疗中，她了解了我的病史，然后向我解释了什么是行为疗法，以及在治疗方面她会做些什么。她说，折磨我的是一种消极的行为，我多年来习得了这种行为模式，但是也可以摆脱。这将取决于我如何思考和感受，以及如何积极地改变这种思考和感受。我有这些问题的原因非常有趣，也值得研究，但行为治疗师的重点不在于研究原因，而是如何让我具体地转换并习得新的、更合适我的行为模式。这种疗法永远以目标和解决方案为导向。它可以用于治疗焦虑和强迫症，也有助于治疗抑郁症——取决于病例的具体情况。疗法中使用的是行为练习，可以这么说，治疗师会尝试通过不同的方式调节我的行为。但归根结底，我积极合作的意愿才是治疗的核心。

我觉得听起来不错，但有些程式化。于是，我问她："你是说，我可以和你一起学习不同的思维方式吗？"

"就是这样，"她回答道，"如果您愿意配合我，如果您愿意忍耐，这种疗法非常有效。这不是一个简单的方法，但是很有效。而且，治疗需要花时间。您脑子里正在发生的一切都是经过深思熟虑的行为场景。恐惧以及试图不惜一切代价来避免这种恐惧，两者形成了一种恶性循环。您就像一只仓鼠，被困在转轮里了。我们要想办法把您救出来。"

这听起来更有意思了。

兰普雷希特医生成了我的新治疗师。经过几次治疗，她强烈建议我去诊所接受住院治疗。在那之后，我们肯定会继续治疗。但是，因为我的问题非常严重，所以从医生的角度来看，她认为我很难在工作和家庭生活之余进行有效的治疗。我需要从紧张的生活中走出来，到别的地方去待一段时间，学习如何更好地与自己相处。而诊所有各种合适的设施，她给我列举了一些。我麻木地听着。

回到家里后，我沉思了几个星期。我应该迈出、我真的敢迈出这一步吗？我和妻子、好朋友聊了聊。歌莎劝我去。"我要你好起来。我们可以一起面对这一切。"还有一位朋友则建议我不要这样做:"试试门诊治疗吧。想想你的工作。一个有精神疾病的部门负责人,《布丽吉特》杂志能接受吗?"

我犹犹豫豫,无法决定。但这件事让我比以往任何时候都感觉更糟了。我几乎没法睡觉,脑海里就像住着一个旋转木马,恐惧变得越来越强烈。最后,歌莎说:"你现在就去诊所,不管其他人怎么说。你不能再这样下去了。"她说得对。在下一次治疗中,我把我的决定告诉了兰普雷希特医生,她松了一口气,觉得这是一个明智的决定。我们讨论了哪些诊所适合我,我选择了海尔伯格(Heilberg)诊所,过去大约有1个小时的车程。兰普雷希特医生在那儿认识一些她觉得很优秀的医生,我在那里会得到很好的照顾。我们和家庭医生一起做好了万全的准备。我阅读了诊所的简介,并"申请"了一个治疗名额。我填写了问卷,过了一会儿,他们给我发了一封信,说我会被收治,但不能告诉我要等多长时间,只能告诉我今年之内肯定会有空位。1个月后,我被告知很快就会有一个空位。

然后,我和主编安妮·沃尔克(Anne Volk)约好了时间。我告诉她,她的文娱总监已经筋疲力尽了,必须去诊所看病。直到今天,我仍然非常感谢她以同情、支持和理解的方式做出回应。这帮了我很大的忙。我甚至收到了她寄到诊所的信,她在信中告诉我,每个人都在想我,期待着我回来,我应该花足够的时间慢慢地恢复健康。"别担心,"她写道,"我保证,您的职位我们会一直保留着。您会好起来的,我们需要您回来。"

这个女人真的太棒了!多好的老板!我的同事们也非常理解我的状况。我感到惊讶和高兴的是,每个人都是那么富有同情心,并且非常支持我。我没想到会得到这么多人的理解。老板、朋友们和同事们的反应,大大减轻了我去诊所接受住院治疗的心理负担。是的,我想好起来。如果有必要,那就去精神病院。

不能再拖下去了:必须接受住院治疗

那是 20 年前的一个春天,外面已经很暖和了。后来到了夏天就变得热起来了。我在海尔伯格诊所度过了整个夏天。白天几乎总是阳光灿烂,但我脑子里经常是黑暗的。在诊所住院以及在那里接受对抗疗法是我一生中经历过的最艰难的事情。但它确实帮助了我,它让我走得更远——在一条我今天仍然在走的道路上。在后面的章节中,我会详细描述在诊所经历的一切。

结束在诊所的住院治疗后,我很快又开始工作了。一切都很顺利,我很高兴。再次回到社会的感觉真是太好了。但更好的是,我终于回到了家里,和歌莎、孩子们在一起。我终于可以再次成为丈夫和父亲,而不再是偶尔回家探望他们。男孩子们以为我一直在"疗养"。他们很高兴爸爸每天晚上都能给他们讲一个故事,和他们一起玩闹。住院期间,我甚至把自己讲的故事用录音带录下来,然后拿给他们听,好让他们更容易接受和我的分开。现在，他们都已经是成年人了，但还记得我讲的那个关于魔法小轿车的故事：一辆摇摇欲坠的旧车成了一个小男孩的好朋友。讲故事分散了我的注意力，减少了我的胡思乱想。我坐在房间的床上，对着录音机胡说八道。这就像是在向另一个遥远的世界——那个我想回去的健康的世界——传递自己的声音。

出院近 1 年后，我依然定期去看兰普雷希特医生的门诊。经过在海尔伯格诊所的治疗之后，我感觉好多了，但脑海里的恶魔还在。它们随时准备向我出击。我如履薄冰，但是我们一直在努力使冰层变厚。我学会了用不同的方式面对恐惧，我学会了接受生活中的风险，学会了忍耐，学会了与自己进行积极的内心对话，而不是把自己看作灾难电影中的主角。但是，始终恰如其分地应用所有学到的东西，对我来说仍然是一个挑战。我和兰普雷希特博士一起不断强化这些正向模式：这种不断的重复是很重要的，我必须得一直坚持下去，这就像念咒语一样把你想要想的事情刻进心里，然后，你的想法也就渐渐转变了。

1 年后，兰普雷希特博士对我说："我相信您现在可以靠自己了。我们已经成功 90% 了，剩下的 10% 是您必须学会忍受的顽固的残余。您很脆弱，这您是知道的。继续努力，永远不要后退。学会冥想，适时地让自己休息，接受不确定性，多活在当下，我们随时可以聊天。如果您需要会诊，我随时可以帮您预约。不过，您现在已经知道自己该怎么做了。"

我和她握手，拥抱了她，然后离开了。她真的帮了我很多。

就这样，我又开始正常工作了，感觉真好。

几年后，我得到了一个新的工作机会——成为《明星周刊》的文化主管。几乎每个人都劝我不要跳槽过去。"你不适合。那地方就像个鲨鱼池，而且全是男人。你可能会再次心理崩溃的。"

我非常纠结。这个职位是我的梦想，我一直很想加入《明星周刊》。现在机会来了，但我很害怕。我的心理状态算得上稳定吗？

最后是歌莎为我做了决定。"现在，你就大胆去做吧。既然这一直是你的愿望，那么就去冒险吧。不然在余生里，你会一直对自己没有去《明星周刊》感到遗憾，你永远都不会原谅自己没有去《明星周刊》这件事。"

她是对的，她很懂我。我接受了职位，而且一切顺利。这份工作很辛苦，但很棒，我花了很长时间才彻底胜任。我的心理状态好多了，好像它就希望我面对现实生活中的新挑战，而不是去苦苦执着于各种潜在的灾难。9年来，我和不同的合作伙伴一起运营着《明星周刊》。这很有趣，虽然也经常让人筋疲力尽。当事情不顺利的时候，我有过一些不眠之夜，但我至少知道自己要面对的是什么困难或者是什么人，而不是脑海里的恶魔。在这些年里，我在心理上变得越来越健康。我有太多的事情要做，没有多余的想法。也许这么说很奇怪。一般来说，压力是不健康的，但是能经受住这份工作带来的各种考验让我感觉很好。

今天，我仍然是《明星周刊》的特聘撰稿人。我写故事，也做采访。我乐在其中。当我工作的时候，状态总是比不工作的时候更好。

必须补充说明的一点是：在我担任文化主管期间，也出过问题。当我遇到困难，当我与同事相处不融洽的时候，我还是会自费去找马丁。他比大多数人都了解我，他知道我的脑袋里发生了什么，所以能很好地指导我。他的建议很有价值。因此，他不仅在治疗的开始帮助了我，而且也在这个阶段帮助了我——我在很多方面都收获满满。

目前，一个很棒的行为治疗师仍在帮助我"维持正轨"。我定期与他见面，因为我需要坚持治疗。冰面很结实，但还是很薄。

我想再次总结一下，如果你认为自己必须接受心理治疗，你可以做些什么？请收好以下清单。

（1）你不需要由全科医生转诊。也许你只需要上网寻找治疗师，打电话给他们进行预约。

（2）与治疗师确认是否可以使用医保或者商业保险报销治疗费用。

（3）进行咨询时，你应该开诚布公地描述自己的问题。治疗师有保密义务，所以你不需要有任何羞耻感。毕竟，你只是想恢复健康。治疗师会提些问题，并对你的治疗需求有多迫切、你的心理问题是什么以及哪种公认的疗法可能适合你进行初步评估。然而，目前只有三种心理治疗被医保和商业保险覆盖：精神分析、基于深度心理学基础的心理治疗和行为治疗。然而，针对这三种心理治疗，报销的条件是它们要由注册登记的医师或心理治疗师进行，而其他治疗需要由个人自行支付费用。

（4）在初次会诊时，请确认你是否喜欢这位治疗师。你对TA的存在感到舒服吗？你喜欢TA的声音吗？你觉得自己被理解了吗？从你的角度看，TA问的问题专业或者有意义吗？只有当你的感受都是正面的，跟着这位治疗师进行治疗才是有意义的。治疗师可能是专家，但你的直觉、你们之间的化学反应同样很重要。有时候，你需要进行不止一次咨询会诊来选择一位合适的治疗师。

（5）治疗师通常会申请25次短期治疗，每次50分钟。如有必要，治疗可以分几个步骤延长。行为治疗最长可持续80小时，深度心理治疗最长可持续100小时，精神分析最长可持续300小时。

（6）无论使用哪种治疗方法，你都要接受它。敞开心扉。保持友好的态度，但不要试图勉强自己喜欢某种疗法来取悦治疗师。重要的不是治疗师的自我感觉是否良好，或者TA喜不喜欢你，重要的是，你需要直面自己内心被压抑的情绪和冲突并变得健康。这个过程可能并不愉快。但是，相信我，这一切都是值得的。

| 第 5 章 |

我在"疯人院"度过的日子

"我先让您一个人待会儿吧，"一位女士说道，"您熟悉下环境。"这个房间朴实无华，我坐在床上，肆无忌惮地哭了起来。我完蛋了。我沉到了谷底，住进了心身诊所。诊断是：焦虑和强迫症。我想，"我是个该死的神经病"，并用手帕掩面而泣。半小时前，朋友简开着他的旧保时捷把我从汉堡带到了诊所。他给了我一个有力的拥抱，拍了拍我的后背，并对我说："你能做到的。"离开时，简打着车灯，直到车子在弯道上消失。然后，我站在海尔伯格诊所的接待处填了登记表，最后由一位友善的女士把我带进了房间。她打开锁，把钥匙塞到我手里便离开了。床、书桌、电视、衣柜，看起来像一个旅馆房间。接下来的几个月，这里就是我的家。究竟是几个月呢？没人知道。我的治疗师说"可能要待3个月"。也许更短，也许更长。呵呵，好极了！我正担心2个月后自己会被解雇。当时，我是《布丽吉特》杂志文娱版块的负责人，我一路走来，先是做新人，接着成为最年轻的编辑，然后升到这个职位，得到了赫赫有名的主编安妮·沃尔克的支持和激励。安妮·沃尔克是行业里的权威人物。4个星期前，我坐在她房间里，说着那些可怕的话——那些在开口前我就提前想好的话："沃尔克女士，我得了精神类疾病。我坚持不下去了，得去诊所治疗几个月。"

安妮·沃尔克大吃一惊，几乎吓了一跳。"您吗？嗯，那个……我……我们竟然完全没有注意到。真是难以置信。您肯定很痛苦，跟我聊聊吧！"

于是我和盘托出：关于几年前一切是如何开始的，以及一切如何变得越来越糟糕——满怀惊恐、忧虑的我害怕疾病、污染、病菌、感染，担忧我的妻子歌莎和我们的两个儿子。我整夜整夜地失眠，治疗了无数次，最后是治疗师说的一句话改变了一切："我们现在必须考虑住院，不能再继续进行门诊治疗了。我很担心您的状况。"

"你感觉很糟糕，是吗？"

有人在敲门。我打起精神，用一块新手帕擦去脸上的眼泪，站起来打开房门。一个40岁左右的女人站在门口，高大而强壮，留着黑发，还有一张友好的脸庞。"你好，我是曼努埃拉，"她笑着说，"我也是这里的病人。我带你到处逛逛吧。"

她做了一个欢迎的手势，然后说："你感觉很不好，是吗？刚来第一天确实很糟糕。我懂的。"

我没有回答，只是点点头。我说不出话来。曼努埃拉似乎并不介意。"来吧。"她说道，并轻轻地摸了摸我的胳膊。这个简单的手势让我不知所措。我费了很大的劲才抑制住又一次抽泣的冲动。短暂的触摸给了我极大的安慰。我感到被人接纳、被人理解了，而且她与我同为患者，是一个明白我经历了怎样挣扎的人。

"记得锁门，这里偶尔会有人偷东西。"曼努埃拉说着继续前行。我照她说的做，麻木地跟着她走。我大脑里有一个声音低声说："你没救了，老兄。你用哭泣的眼睛盯着一个陌生人，因为她说了一句友善的话，把一只手放在你的手臂上而对她充满感激。你真的沮丧到极点了。"

"好吧，"曼努埃拉指着过道说，"这是你的新家 7 号病区。这里都是遭受强迫症、抑郁症和恐惧症折磨的人。左右两边都是病人的房间，然后是接受团体治疗的房间，再后面是医生和治疗师的房间。"

曼努埃拉滔滔不绝地说着，就像一个经验丰富的犯人，骄傲地给新来的人介绍她的地盘。我一路小跑跟在后面，她带我参观了食堂、体育馆和外面的空地。当我听到"医疗区域"这个词时，我提出了问题。

"嗯，"曼努埃拉说，"他们正在做检查，心电图、脑电图、血液测试等。而且，这是我们的紧急救助站。尤其是对那些在晚上陷入痛苦的人来说，如果情况很糟，他们会给你一些东西让你镇静下来，让你感觉良好，然后放松地沉睡。"

"看来我会成为这里的新常客，"我说，"夜间发作现在几乎是我的核心技能。"

"别想得太美了。每晚都来的人，早晚有一天他们就不给你药了。"

我沉默了。所以，为了睡个好觉，真的会变得很卑微。

"接下来会发生什么？"我最后问了一句。"我很感激你带我熟悉环境，之后谁会来照顾我呢？"

"兴许有个勤劳的蓝精灵早就把治疗计划放在你的桌上了。"曼努埃拉回答。

她说的确实是"蓝精灵"。

"你需要知道的几乎都在里面。剩下的,来吧,我们去看看。"

我跟着她走。就在我房间前面的走廊里,我们遇到了一个40多岁的胖子。他气喘吁吁地停了下来,满怀期待地看着我。

曼努埃拉指着那人说道:"这是埃基。这男人总是风风火火的。"

埃基咕哝着。

"这是新来的凯斯特。"

埃基向我伸出他湿漉漉的手,说道:"很高兴见到你。回头见。我现在要去找测力计。呃,你叫什么名字来着?"

"凯斯特。"我回答道。

埃基笑了下,然后气喘吁吁地走了。我也笑了。"我需要测力计。"我喜欢这句话。

"埃基有社交恐惧症。"曼努埃拉看着他的背影,摇摇头说道。

"这话怎么说?他看起来挺好的。"我有些吃惊。

"你要从另一个维度去看他,他也有他的一大堆痛苦。"我点了点头,虽然我并不明白她的意思。我现在一心想着,在哪里可以洗下我刚刚跟社交恐惧症大哥埃基握过的那只手——那只可能被污染的手。

我该怎么忍受这一切?

治疗计划真的就在我的房间里。还有一张纸条,上面写着让我明天下午 2 点半去见我的治疗师迪特里希女士。治疗计划是每周 2 次，每次 50 分钟。"很少啊。"我心里想道，并接着研究计划。每周有 4 天我要参加团体治疗。"呃，好吧。"我想。和其他神经病们坐在椅子上，在治疗师的指导下一起怨天尤人。我该怎么忍受这一切？我应该每周做 1 次绘画治疗，虽然我还没搞懂这是什么疗法。星期二，除了参加所谓的"病友代表大会"，我不需要参加任何治疗。所有有兴趣参加的人都可以去坐坐，交换意见，讨论问题。我只去过一次，因为我觉得那里的人喜欢讲废话。除此之外，我被安排每周参加 2 次早上 8 点开始的慢跑小组。我居然在登记表上写了自己经常慢跑，真是错到家了。我确实喜欢慢跑，但最重要的是，我喜欢一个人慢跑。而且，8 点也不是个好时间，因为我常常直到天亮才能睡着。"我觉得我的膝盖肯定会不舒服的。"我自言自语道，并把计划放回桌子上，然后坐在床上，盯着墙。我的手机响了，屏幕来电显示是"歌莎"。这是来自另一个世界——那个健康的世界——的电话。

"你感觉怎么样？"

我哭了起来。

"有那么糟吗？"

"我不想待在这里。"

"你知道不能再这样了。"

"是的。"

"他们会帮助你的。"

"但愿如此。"

"你能做到的。"

"那如果我做不到呢？"

"你别这样想。"

我沉默了。我太熟悉那句话了——你别这样想！"没错。"我想，"但最糟糕的是，我的念头不由我掌控啊！我不想这样做，但大脑继续胡思乱想，发出警告，不断地低语和提出要求。"就好像还有第二个我在真正的我旁边蹲守着，开始侵占越来越多的空间。

我们又聊了几分钟那些在正常世界里发生的事：我们的儿子、朋友、流言蜚语、讨厌的邻居。对这些，我确实很感兴趣。这些都代表着正常的日常生活，我渴望过上正常的生活。

"这些人全都是疯子吧！"

第二天早上，经过一个几乎彻夜未眠的夜晚之后，我坐在早餐桌前。诊所给我分配了一个固定的座位，住院期间，我要一直坐在这个位子上。我是第一个到的。过了一会儿，曼努埃拉一脸疲惫地默默走了过来，瘫坐在我旁边的座位上。"早上好啊，新来的。"她一边说，一边伸手去拿咖啡壶。"早上的我完全是个废人。别在意我哈。"她咕哝着。我没说话，只是举起咖啡杯向她致意。

环顾早餐大厅，大约有 200 人。乍一看，这可能是一个普通的食堂。但如果仔细观察，可以注意到许多紧张的面孔、不安的表情，以及悲伤的、沉默的、有点畏畏缩缩的姿态。我想："这些人全都是疯子吧，而且我还是其中的一员。"

一个男人坐在我旁边，满怀期待地看着我。我完全没听见他过来的声音。"你好，我是凯斯特。""我是马克。"那人轻声说道，并把他的手伸向我，握上去的感觉就像握住一条柔软的死鱼。

"马克也在我们的病区。"曼努埃拉以前辈的身份解释说。这个男人看着 40 多岁，额头光秃秃的，黑眼圈很深，身体似乎没有丝毫紧张感。他坐在塑料椅子上，脸上露出坚忍的表情，开始往面包卷上涂黄油。最后，他犹豫着是吃果酱还是蜂蜜，这对他来说似乎是个无法解决的难题。半分钟后，他的目光还在两个罐子之间徘徊。"拿果酱吧。"曼努埃拉忍不住说道。于是，马克如释重负地点点头，拿了果酱瓶。曼努埃拉对我咧嘴一笑。"马克有时需要别人帮他做决定，推着他往前走，否则他会一直坐在这里，直到晚餐开始。"马克痛苦地笑了笑，然后点了点头。

来的人越来越多了。莉斯贝思坐了下来，这是一个 30 多岁的沉默的女人，又高又瘦。曼努埃拉后来告诉我，在病区里大家称她为"漫游的妓女"，因为她晚上会默默地在走廊里走来走去。莉斯贝思患有广泛性焦虑症，这个词的意思是她对一切事物和每个人都感到恐惧。

然后霍尔格也来了，神情急促。他是一个身材魁梧的壮汉，50 多岁。

他举起手打了个招呼,喃喃地介绍自己:"霍尔格。"然后坐下,看着面前的桌子,开始整理他的杯子、盘子和餐具,直到所有的东西都整齐地摆在他面前,且间距相等。其他人都对此习以为常,不当回事。霍尔格是个病态的控制狂,一个一直忙来忙去、无法停歇的人——他还得检查、关掉、锁好各种各样的东西。接着,不安分的社交恐惧症患者埃基出现了,上气不接下气地猛然走到一个座位前坐下,嘟囔着说道:"你们给我留羊角面包了吗?"没有人回答他,但埃基似乎也并没有期待任何回答——已经没有羊角面包了。

大家吃着早饭,时而聊聊天,时而沉默。我觉得一切奇怪得不真实。我现在就坐在这个地方。作为一个病人,和其他病人坐在一张桌子旁。咖啡的味道糟透了。我透过大玻璃窗向外望去,阳光灿烂。一只大啄木鸟敲打着树干的树皮。我好想家。我想象着,如果在家,我肯定会对歌莎说:"快看,一只彩色的啄木鸟。"我又倒了点儿咖啡。黑色的阴影笼罩着我。

赤裸裸的审讯

第二天,在我的第一次个体治疗课上,我认识了迪特里希女士。她留着黑发,30多岁,并不粗鲁,只是带着一种职业性的疏远。她做事情似乎很有目标性,很快就明确地表示她不太喜欢闲聊。不知道出于什么原因,但我的第一印象就是:她帮不了我。可我还是振作起来,决定敞开心扉，接纳一切。迪特里希女士翻了翻我的病历（这让我有点恼火），然后说道："好吧，告诉我你有什么问题。"我正要回答"这一切都在我的病历里写着呢"，但转念想了想，开始讲述我的故事——恐惧是如何开始的，症状是如何加重并在我的脑海中占据越来越多的空间的。她沉默不语，经常点点头，时不时地问一些精准的问题。这些问题让我感受到她能够理解我的经历："你是害怕得病后的痛苦，还是害怕得病？到底是什么让你害怕？是恐惧死亡吗？你得过重病吗？你多久去看一次医生？看完能让你平静多久？你相信自己的医生吗？如果不信，为什么不信呢？你和自己身体之间的联结如何？你的性生活好吗？你会有内疚感吗？有哪些念头折磨着你？"

这是赤裸裸的审讯，通常所说的隐私完全不存在。但我想好起来，所以，我回答了她所有的问题。就这样，50分钟过去了。迪特里希女士告诉我，在接下来的1小时里，她还想听我的人生传记：童年、父母、教育、职业、婚姻、家庭生活……我只是点点头。我以前也讲过，对我来说，这只是回顾往事而已。

那天深夜，在几个小时的辗转反侧之后，我终于睡着了。我梦见了迪特里希女士。她喜怒无常地坐在高高的椅子上，像警察一样审问我。我回答的全是些奇奇怪怪、不知所谓的话。我开始想念马丁和兰普雷希特医生，他们才是我信任的治疗师。

早上5点左右，我醒了，就像定点开机的机器一样。我的心脏怦怦跳动，我感到血液在脑海里嗡嗡作响。和往常一样，我的内心始终处于一种警觉的状态，仿佛有一群饥饿的狼正在房间外面等着我。恐惧就像无形的紧箍咒在我周围飘荡着。天渐渐亮了，鸟儿在鸣叫，新的一天开始了。歌莎和孩子们可能还在睡觉。孩子们只知道爸爸在"疗养院"是因为工作太多了。不过，我今天倒真的很想去上班。上午，在汉堡有一场编辑会议，编辑部的主管将在会上介绍新的项目，由同事萨比娜代替我开会。我不由得想道："我是否还能坐回自己的位子呢？我该怎么办？汉堡的同事们会等我多久？还是他们已经放弃我了？"

"什么？要我用颜料作画？"

第二天早上，绘画治疗开始了。在我拖着身体进入地下室的房间之前，我看见一张宣传单上写着：

在绘画治疗中，你可以在没有压力的情况下自由地使用颜色或声音。能不能画出杰作不是最重要的，重要的是体验。在这个过程中，你可以表达你内心真正关心，但却很难用语言表达出来的东西。我们想用一种简单的方式表达情绪、问题或幻想。不需要提前考虑画作的内容，让画笔带着你自由自在地发挥就行。

我差点被自己的口水呛到。所以，我要拭目以待，看看我的画笔会让我想到什么。这张宣传单的风格令我有些恼火。我觉得自己就像个笨蛋，为了有点事儿干，要和其他一群笨蛋一起在纸板上画画，然后瞎扯淡。这会对我有帮助吗？我们是不是还要公开地对这些画作讨论一番？这让我想起了一部喜剧电影，主角参加了罗夏测试，面对每一幅抽象画作，他都大喊"奶子""屁股"或"鸡巴"。我当时笑得很开心。现在似乎只是当时美好时光的一次复刻，那会儿的我还能够无忧无虑地大笑。

绘画治疗室让我想起了学校的艺术课程。涂上油漆的桌子，墙上的画作，还有排成一排的架子——绘画工具。有8个人已经无精打采地坐着了，等待着即将开始的治疗课程。我选了一张空椅子坐下，静静地与自我周旋。这一切到底是在干什么？我跌得有多深？关键是，这一切算怎么回事？

然后老师出现了——老师是一个叫苏珊娜的50多岁的女人。她那有点过于明亮的嗓音立刻就将我们淹没。各种单词从我身边呼啸而过："表达感情""有创造力的潜能""转变"。我只记住了只言片语。最后，每个人都得到了一张大白纸、一些颜料和一支画笔。我们开始画画。我坐着，好像麻木了。我不想画画，我也不会画画。拜托，我不是来诊所画画的！苏珊娜显然感觉到了我拒绝的态度——正如她后来告诉我的那样，男人特别喜欢表现出来。她坐到我身边，对我说："我看你好像没有兴趣，或者是有些不舒服吧？但这确实属于你的治疗计划。相信我，你会思如泉涌的。你只需要拿上画笔，把它浸在颜料里，然后看看会发生什么吧。"

由于我是一个友好的人，不想让任何人厌烦，于是我点点头照做了。不然，她就要没完没了地向我解释当时我们正对白纸所做的可怕涂鸦。不过也没有那么可怕：不知道从什么时候开始，我不再觉得这一切都很蠢。于是我拿了一张新的白纸，就这样开始画画，直到忘记了周围的一切。在课程结束时，我看到一幅抽象的作品摆在我面前，就像一团令人恼火的美丽的存在，有着狂野的色彩和混乱的形式，仿佛由一个不受束缚的艺术家用坚定的笔触挥洒而成，而且，那个艺术家就是我本人。我很惊讶。从客观的角度看，整幅画看起来很糟糕，就像一只过于兴奋的猴子画的。但我却有点喜欢我创造出来的这幅画，我觉得它是有意义的，它散发出一种奇怪的决心。我给这幅画起名为《突然的觉醒》，后来，我把这幅画装裱好，在书房的墙上挂了好几年。

绘画治疗课程教给我一个道理：不要对不懂的事情嗤之以鼻。关闭自我和拒绝新鲜事物没有好处，积极参与总比冥顽不灵强。但在百分之百做到之前，我还需要一段时间。因为不久之后，在团体治疗中，我面临的挑战比绘画治疗时更多。

参加团体治疗

有人在敲我的门。我坐在窗前，目瞪口呆地盯着外面。

"谁啊？"我问。

"是我,曼努埃拉。我想带你去参加第一次团体治疗。你觉得怎么样?"

"进来吧。"我说。

曼努埃拉走进来,环顾了一下房间。

"看来大家的房间全都一样。"她说。

"哦,那些使用私人保险的病人的房间也一样?"我问道。

"他们的房间更大点,还多了一把沙发椅。"

我沉默了,而且感受到了自己的怒气——不知道为什么。实际上,我根本不在乎自己有没有额外的沙发椅。但是不知怎的,我觉得自己就像个白痴,坐在甲板下的木质小屋里,而上流社会的人都坐在别致的私人包间里眺望着海景。太傻了,我摇摇头,站起来说:"好吧,我们走吧。我真的很期待和其他人一起坐在椅子上围成一个圈儿。"

几天后,我得知使用私人保险的病人的个体治疗时间也比使用法定保险的病人多,这让我不太高兴。人们都说使用两种保险的病人得到的基本医疗服务是相同的,但在这里显然不是这样。在我看来,与治疗师单独相处的时间是非常关键的,因为每个人的问题都不同。正如我很快就体验到的那样,团体治疗与一对一治疗非常不同。

曼努埃拉和我默默地走到团体治疗的房间里。"你会发现,团体治疗也是有帮助的。"她说。即使我一开始不相信,但她是对的。

我们真的看到了一圈椅子。马克、莉斯贝思、埃基和霍尔格已经坐了下来。还有另外两个人,一男一女。曼努埃拉和我坐下来。没人说话,每个人似乎都在忙着自己的事儿。气氛令人感到不安。想象你和一群陌生人坐在一起,谈论一些非常私人的事情——你对很多朋友和同事都隐瞒的事情。可以显然感受到坐在这里的人都很焦虑。我的脑海里只是不停地冒出一句话:"妈呀,我在这儿干吗呢?"

然后,治疗师索默女士进来了。

"大家早上好,今天有3个新来的,"她说道,听起来就像我之前的德语老师,"那我们先做一轮自我介绍吧。"

于是我得知,我旁边的约阿希姆和伊娜也是这周才开始他们的治疗。约阿希姆身材高大,金发碧眼,英俊潇洒,像树一样挺拔。他有着我一直想要的那种身材,而且还不像我那么爱管闲事。但是,他就像惊弓之鸟一样蜷缩着坐在椅子上。看来他也是恐惧的受害者,我马上就明白了。他把椅子往后挪了一点。直到后来,我才意识到他不想碰到我们中的任何一个人。

伊娜是个30多岁的苗条女人。我觉得她看起来不错,但她显然也有问题。

在场的每个人都说出了自己的名字和一些人生故事——结没结婚?有没有孩子?如果有,有几个?

"那么,"索默女士说,"现在我们已经对彼此有些了解了。但这不是重点。不如我们现在谈谈,大家为什么在这里,折磨着你们的是什么？"她停了下来，一个接一个地看着我们。

"凯斯特，要不从你开始吧？"

我缩成一团。

我沉默着。

然后我说："我很害怕。"

苦难的配乐

头两个星期我不得不完全在诊所里度过——周末也不被允许回家，而且也不能有任何人探视。我需要安顿下来，接纳现实，而不是立即回到旧的模式。对我来说，这一切太可怕了。我对歌莎和孩子们的想念非常强烈。周末简直令人受不了。周末的时候，诊所没有安排任何治疗，什么事儿都没有，实在是太无聊了。只要能集中注意力，我就会去散步、看电视或看书。一开始，我还经常给家人或者朋友打电话，但是，最终我意识到我基本上已经没什么好说的了。我不想用无休止的抱怨惹恼任何人，所以我不再打那么多电话。花了几个星期，我终于接受诊所作为临时的第二个家。

有一天，在我的要求下，歌莎带了一把吉他给我。实际上，我是个鼓手，但几年前我买了一把吉他——为了创作一些旋律。我弹过几次吉他，但从来没有深入研究过。现在我有大把的时间了。歌莎还给我带来了一本吉他入门书，于是我开始在房间里练习。没过多久，我就可以弹出经典老歌《玉米地里的床》(*Ein Bett im Kornfeld*)给自己伴奏了——我在自己的房间里轻轻吟唱。别问我为什么选这首歌——我不记得了。时至今日，我的脑海里还时常浮现出自己坐在海尔伯格诊所朴素的房间里一遍又一遍唱这首歌的情景。它就像为我正在经历的苦难量身定做的BGM（background music，背景音乐）。我很孤独、很无聊、很纠结，渐渐陷入一种半梦半醒的梦游状态。

日子就这样一天天过去了——除了一日三餐，就是看电视。

在诊所的头几个星期里，我过得不太好，但也不算很糟。个体和团体治疗仍然处于热身模式，我还没适应。我的恐惧还在发作着，但勉强可以忍受，它好像被这里的特殊情况覆盖了。整个人好像被连根拔起，找不到合适的途径去接纳周围的一切。"你不会在这里待太久的，"我想，"一定有其他办法。"我似乎忘记了在进入诊所前的最后几个月里，自己的生活有多狼狈。换句话说，我选择来这个诊所，我人在这儿了，我做了人们期望我做的事，但我内心却并不准备真正参与这一切。这种临床治疗太奇怪了，太压抑了。这也影响了我与其他病友的关系。实际上，我是个非常外向的人，但一开始我对其他病友不怎么感兴趣。我的家人、朋友和同事很快就会来拜访我，他们才是我熟悉的人，而这里的人不是。他们都是像我一样的病人。我被迫花一些时间和他们待在一起，之后我再也不会见到他们了。所以，我没打算在这里交朋友。我们没有任何共同之处，除了我们的脑子都不太正常这一点——这是我最初的看法。直到后来我才意识到，我用恐惧、防御和傲慢的态度来看待其他人，这不仅完全不合适，而且适得其反。当然，我们确实是出于纯粹的巧合而相聚于此——我、记者、工匠、公务员、家庭主妇、失业者、学生、推销员等。这里就像是社会的一个横截面，人们由于各种因素无法很好地适应社会及生活。我们是被命运带到这儿的群体，但我也是过了一阵子才逐渐意识到这一点。

无聊使我迈出了第一步。那会儿，我厌倦了弹吉他、看书和看电视。诊所里有间休息室，我就顺道去了。很奇怪，我觉得自己就像刚入学的害羞的新生。里面的人很友好地跟我说话，我坐在一张桌子旁，他们在聊天，感觉很好。在这里，没有人期望我大放异彩，提出更好的说法，现在的我不需要表演，只需要正常地说话。在吃饭的时候，我也变得更健谈了，开始对别人产生兴趣。我已经从团体治疗中了解了他们的一些问题，而现在我可以了解问题之外的他们。大多数人已经在这里待了挺长时间了，我开始明白，在诊所里，人们聚在一起，也可以做些有意义的事情。

例如，诊所里有一个8到10个人的咖啡小组，通常会在下午或傍晚（在个体和团体治疗过后）到附近的一个花园餐厅里聚会。天气好的时候，还可以坐在户外的座位上。当然，任何人都可以去这家店，但咖啡小组的成员总是坐在某个角落里。治疗结束后，我发现个别成员经常消失在花园餐厅的方向。有一次，我正在和一位同病区的女士说话，她突然看了看表说："哦，对不起，我得去咖啡小组了。""好吧，玩得开心点。"她点点头离开了，我有点失落。咖啡小组是什么？事实上，我很失望她没有约我一起去，我想让她邀请我，我显然很需要跟他们一起玩。几个月前，如果有人告诉我，我很想和一群精神病患者聚在一个小餐馆里喝咖啡、吃蛋糕，我会觉得他疯了。但事实就是这样。我心想："拜托，虽然你有点蠢，但你好歹还挺酷，还有一份有趣的工作。他们肯定会邀请你的。"没错，他们邀请我了，不过不是在我觉得很合适的时候，而是在两周之后。我超级高兴，不敢相信人的期望值降低得如此之快。

渐渐地，我习惯了与其他人相处，时不时地和他们一起出去喝啤酒（喝酒实际上是被禁止的，但大家都选择无视这个规定）。我已经把自己看成这个大集体中的一员了。我们中的每个人都需要帮助，于是我们团结在了一起。我成了咖啡小组的一员，开始决定请谁来加入我们。毕竟，我现在是神经病中的贵族了。我甚至定制了一件印有"永远的咖啡小组"字样的T恤。所以，经过最初的疏远和愚蠢的傲慢之后，我试图接近其他人——我找到了组织。这让我白天时不再感到孤单。因为到了晚上，当每个人都回到自己的房间，当你和自己的心魔战斗时，你已经够孤独的了。

我们的小团体

白天，除了参加治疗小组之外，我们几乎就像普通人一样正常相处。如果你在花园餐厅看到我们在一起，你可能不会想到这是一群精神病患者。一个例外是那些严重抑郁的人。让他们振作起来做任何事都很难。

他们坐在我们旁边的时候，好像没有任何存在感。但这并不意味着我们其他人总是心情愉快，或者感到轻松，我们只是没有注意到自己的恐惧、压力和忧思。我们都学会了假装自己过得很好，对外总表现得很正常。我们只是在硬撑。这就是为什么很多人很难理解朋友或者同事突然坦白其实他们有很大的心理问题。"我都没注意到"往往是第一反应。或者："是啊，你的话变少了，但是我没想到你会有这样的问题。"你感觉好像没有人相信你，除非你在过去的几个星期里一直大喊大叫、怨天尤人。脑海里的翻天覆地终究难以被看到，对海尔伯格诊所周围的居民来说也是如此——我们这些病人在他们看来并没什么特别的。但是，我们中的某个人可能会在喝咖啡的时候突然哭起来。在一个正常的环境中，这样做可能会显得有些突兀，但在我们这些病人中却是很正常的。这可能发生在我们中的任何一个人身上。不会有人摇头，也没有人把目光移开。我们会把哭泣的人抱在怀里，等到其平静下来。然后，大家继续吃蛋糕。

我开始适应了，这对我很有帮助。但我还是经常感到难过，睡不好觉。我很害怕心理治疗会对我造成什么不好的影响，我知道心魔不会放过我——我无处可逃。我知道治疗的原则："摆脱恐惧的方法是直面恐惧。"在这里，我将不得不面对我最大的恐惧。

几个星期后的一天早上，我在诊所接待区的邮箱里发现了一封信。我打开后发现里面有一张 A4 大小的纸，上面贴着歌莎和孩子们的照片，还有歌莎写的"坚持住"以及儿子们画的涂鸦。当时还在上二年级的亨利在纸上写道:"爸爸,我们想你。"

我开始哭泣。

思念再次把我淹没。

终于又见到歌莎和孩子们了

第三个周末,我被允许回家 2 天。回家的路很漫长,但我真的很高兴再次见到歌莎和孩子们。尽管如此,回到家里还是很奇怪。一切都那么熟悉。这就是我的生活,这是我属于的地方,这是我想回去的地方。但我知道:为了再次享受回家的生活,我还有很长的路要走。我在家,但不知何故,我又不在家,就像从前线回家度假的士兵。我是一个与疾病做斗争的病人。歌莎和我心知肚明:周一早上我要回到诊所。老凯斯特、丈夫和父亲、朋友和同事,都在我内心的某个地方等着。我必须把他挖出来,把他从恐惧、强迫和沮丧的层层包围中解放出来。

歌莎和我试着表现得尽可能正常,尽可能少地谈论诊所——这样做都是为了孩子们。对孩子们来说,爸爸只是在疗养,所以周末才能回来。我很享受与孩子一起嬉戏,拥抱他们,为他们讲故事,但我心里一直隐隐担心自己可能永远都回不到原来的样子了。

最重要的是,我想知道歌莎能支撑多久。我们结婚已经 18 年了,一直是一对很幸福的夫妇。我们的关系始终固若金汤,她支持着我,并以非凡的力量忍受着我到目前为止期望她所做的一切。显然,我的病也让她心烦意乱。我已经不是她当初嫁给的那个人了，但她热切地希望有一天我会再次成为那个人，正如她在我们的多次谈话中告诉我的那样，她坚信我能够做到。这给了我很大的力量。然而，我也会问自己：如果我做不到呢？如果过去的凯斯特再也回不来了呢？这样的想法使我陷入了更深的沮丧之中。

但我还能怎么样呢？我所能做的就是战斗，而且这也是我想做的。所以我试着不再抱怨，至少在我的假期里，我要试着像以前一样。有时，这样做甚至奏效了：有那么一瞬间，我忘记了自己有多么不堪。

我们还在周末和朋友们见了面，参加了聚会，一起吃了饭。我最亲密的朋友们都知道我的情况。但我提出，不要谈论我住院治疗的事，因为我想休息一下，想暂时恢复正常人的身份，感受没有恐惧的生活。

我的同伴们

我是第一个在团体治疗中做自我介绍和谈论自己问题的人。我开始说的时候，其他人都聚精会神地听着，不时地点点头。他们都能感同身受——对我发作时的绝望和沮丧，没人觉得我在说傻话，每个人似乎都能理解我。我的焦虑减轻了一点。索默女士又问了几个问题，然后我的发言就结束了。我明显放松了下来，但和其他完全不认识的人谈论自己的问题，仍然让我感到不适。我很高兴没人直接问我什么问题。

▪ 约阿希姆

下一个发言的是魁梧的年轻小伙子约阿希姆。他说话的声音非常轻，这与他那令人印象深刻的身材形成了强烈的反差。约阿希姆和我一样，患有病态的恐惧。我怕的主要是细菌，我很擅长想象致病物质比如艾滋病病原体或者放射性物质进入我的身体。但约阿希姆的恐惧比我更严重——细菌恐惧症完全控制了他，支配着他的整个生活。恐惧是具体的，但又是弥漫性的。他想不惜一切代价避免接触任何病原体，但他又说不出来自己到底在害怕什么疾病。他只关心"没有什么东西能进入自己体内"。他表现得像外星人恐怖电影里的主角，周围的一切似乎都是不祥的，危险无处不在——陌生人手上有细菌，门把手上有细菌，厕所里有细菌，洗衣房里有细菌。他的房间是个堡垒，他坚持亲自清洗所有东西，他房间里到处都是装有消毒剂的瓶子。他不会碰任何人。他只吃热的东西，只喝瓶装水，而且这些瓶子必须由他自己打开。他让家人给他送来了用塑料袋密封好的衣服，然后他小心翼翼地展开并穿上。他觉得，只有这样，才能在某种程度上避免细菌带来的危险。其实，诊所是有付费洗衣服务的，但只要一想到有人可能会用没洗过的手碰他的东西，他就受不了。

然而，我们也是慢慢地了解到关于他的一切。在第一次团体治疗中，约阿希姆很少说话，几乎都是治疗师在说，可以看出来他很害羞。只有被问到他的职业是什么时，他才稍微多说了两句，并说他在一家大公司管理IT部门。而且，他还是一位经验丰富的业余拳击手。所以，他是个真正的壮汉。但是，他已经好几个月没进过健身房了。一想到要触摸汗流浃背的对手，或者被对手用不干净的手套击中，他就觉得非常恐怖，好像一切都被细菌污染了。约阿希姆是一个强大的人，却害怕所谓的微生物。这听上去似乎很荒谬，但约阿希姆感到的恐惧却是真实的——你几乎可以在他身上看到包围着他的恐惧。

- **曼努埃拉**

接下来发言的是我的"第一导师"曼努埃拉。在我们第一次见面时，她的精神面貌看起来很不错。后来，我才了解到她患有抑郁症，经常大喊大叫，而且已经因此失去了好几份工作，男朋友也离她而去。她曾多次想过自杀，但从来没有真正尝试过。她说，自己已经失去了所有的自信，非常害怕别人的评价。然而，她通常可以很好地伪装自己。她觉得待在诊所里很自在，感到自己被照顾和关心，就像待在安全的舒适区里。索默女士点点头。她明白也了解这种病人——有些病人和其他病友待在一起时，会感到放松和安全。对他们来说，外面的世界已经变得很遥远。

- **霍尔格**

坐在曼努埃拉旁边的霍尔格是一个典型的强迫症患者。他的生活主要由检查、后续检查以及对后续检查的检查组成。他是一个控制狂，已经到了近乎荒谬的地步。在被送进海尔伯格诊所之前，他强迫自己必须在早上5点就起床，否则就没有足够的时间完成强迫性的行为。他花了几个小时才说服自己煤气灶是真的关好了，蜡烛是百分之百吹灭了，门也绝对锁好了。他老婆已经和他分居很久了。刚开始的时候，她还陪着他：每当他三番四次下车摇晃大门，或者透过厨房的窗户盯着煤气灶看，或者确认所有的开关是否都关好时，她会在车里耐心地等待。他总是喃喃地说"关、关、关、关"，就好像借助背诵咒语来确认他所看到的一切。当霍尔格开车10分钟后又掉头回家，再次检查煤气灶是否真的关了时，他老婆受不了了——尤其是在他再次检查完之后觉得"匆匆忙忙之间"没有锁好大门，于是不得不再一次回去时。在普通人看来，这样做很奇怪，也非常诡异。但是，对于一个患有强迫症的人来说，这些事情都非常严重。他清楚地看到在自己的脑海中，那扇未上锁的门被风吹得越来越开。他几乎可以肯定，在离开的时候，他的手不小心撞到了开关上，打开了一个灶头，这个灶头现在正在让厨房变得热起来，而另一个灶头上的锅和里面的土豆快烧起来了。他只是需要再检查一次，确认没有危险。一种极端的、压倒性的力量迫使病人采取行动，这是他们暂时获得宁静的唯一方法。而当心里的不安全感重新出现时，强迫性行为也会再次出现。

■ 伊娜

我们小组的下一个成员伊娜患有另一种形式的强迫症——俗称的囤

积癖。最后是朋友把她从自己那乱七八糟的公寓里救出来，带她去看医生。她就是做不到扔掉任何东西。在家里，伊娜创造了一个由各种箱子和袋子组成的系统，即在房间里堆满了各种日常用品，如杂志、包装袋、笔记本、各种设备、衣服——所有的东西都被储藏起来了，只剩下狭窄的走道通向厨房、浴室和卧室。有专家曾将这种系统与"啮齿动物的结构"进行过类比。伊娜知道自己的所作所为是不正常的，她感到羞愧，却还是忍不住囤积。一想到要扔掉其中一个箱子或袋子，她就感到非常恐惧。

马克

下一个人似乎沉浸在无边的痛苦中，从一开始就沉默不语。在吃第一顿早餐的时候我就感到非常吃惊：一个人何以对最简单的事情都不知所措。不过最后，马克还是振作起来，开口说他很绝望，失去了所有动力。此外，他无法做出任何决定，因为通常在做决定之前，最简单的事情就已经困住了他。索默女士追问："到底是什么在阻碍你行动？""所有的一切都在阻碍我。"马克回答道，更加心灰意冷了。

埃基

接着是埃基——那个不安的社交恐惧症患者。"我在诊所里，和你们在一起，感觉很不错。"他说道，"但是一出去……我不知道为什么，但我总是觉得每个人都在盯着我看,认为我是个很蠢的人。"

听到他这样说,我心想:"好吧,这傻小子没说错。"不过,我立刻感到内疚——我不该这么说的。

"我总是非常紧张,"埃基继续说,"我害怕其他人。我情不自禁地感到害怕。对我来说,去任何地方、说任何话、提出任何要求,都让我感到非常难受。"

他沉默了。索默女士点点头说:"谢谢你,埃基,你把自己的问题讲得这么明白。你还记得自己一开始在小组里是什么样吗?那会儿,你一个字也说不出来。而现在,你已经有很大的进步了。"

埃基笑了笑,看着地板。

▪ 莉斯贝思

每个人都看着莉斯贝思,她是我们小组里最后一个发言的人。我想知道她知不知道大家给她起的绰号是"漫游的妓女"。实际上,这种邪恶的嘲讽和大家的为人并不相符。根据我和他们相处的经验,大家平时都非常尊重彼此。我很快就明白,这个笑话并不是恶意的,而是一种"绞刑架式"的幽默,目的是逗个乐子,拉近彼此的距离,尽可能地逃离无处不在的痛苦。但是,莉斯贝丝非常敏感,所以大家决定不再戏弄她,以免她更加不安。

现在,她在小组里说的话也不多,手在大腿上慢慢地来回摩挲,呼吸变得急促起来。她的目光看向墙面，似乎想在墙上寻找一个想象中的点，然后，她轻声地用简短的语句谈到了自己的广泛性焦虑症——对一切的恐惧，对所有人的恐惧。这样的恐惧不断地控制着她，使她不得不躲进一个很小的私人安全区里，不安、失眠、紧张而无助。她失去了工作，独自生活，不再外出，两次自杀未遂。后来我才知道，在我们小组里，治疗师最担心的人就是她。

莉斯贝思沉默了。曼努埃拉摸了摸她的胳膊，对她笑了笑。索默女士说道："谢谢你，莉斯贝思。很高兴你向大家介绍了自己。"

就这样，第一次自我介绍结束了。我偷偷地看着每个人。我对这些人有什么感觉？我不知道。我觉得有些人很奇怪，比如紧张的霍尔格，还有马克，他在第一次团体治疗中几乎把我逼疯了，因为他太纠结了，连一句完整的话都说不出来。他每说一句话，都要考虑是否应该使用某个词语。他断断续续的语句里充满了"呃"和无休止的停顿。面对他，我甚至变得咄咄逼人起来。就像面对莉斯贝思时一样，有时候我都想摇晃她，把她从麻痹的昏沉中摇醒。我很喜欢曼努埃拉。我对伊娜没什么感觉。一开始，我没法评价约阿希姆。他那拳击手般的身材是我的梦想，但他那魁梧的身材与无助的精神所形成的反差实在太大了，我甚至有些无法理解。当然，对此感到困惑太傻了。我也知道，任何人都可能饱受精神错乱的困扰：不管是男人、女人、孩子、高大的人、矮小的人、胖子、瘦子，还是有钱人、穷人、壮汉或者像我这样的弱鸡。默认像他这样强壮的人应该能更好地处理恐惧是很愚蠢的想法。尽管如此，我还是会有这样的刻板印象，也许是因为他有着我想要的外表吧。

索默女士开始阐述团体治疗的作用。我几乎没有听，我脑子里对这群人的评估告诉我，我在这里格格不入——我真的觉得和这些人坐在这里是件很蠢的事情。我想找别人帮助我，但是我不想参与别人的治疗，听他们的问题。但几个星期后，我才意识到这也是治愈过程的一部分。一开始，我想："我是想好起来，但是现在我却和沮丧的铺路工人、失业的财政官员一起坐在这里，听他们胡言乱语。"但这种傲慢很快就消失了。我只是不想承认自己也是他们中的一员，并不比他们更好，也不比他们更糟，我只是一个需要帮助的病人。

只有当我接受这一现实的时候，我才能打开心扉，真正参与其中，从中学习。可以说，我在这里找到了一份新的工作——副治疗师。

仅仅两周之后，我就喜欢上了团体治疗。我很快就体验到了一种团结的感觉、一种团体的感觉、一种有所安慰的感觉。我很快就和一些人熟络起来，虽然也有一些人让我感到有点儿烦。随便啦！这是我施展拳脚的新领域，有很多事情要做。每个人都是团体的一分子，尽管个别人在我看来更像累赘。有些人一直在哭，在我看来有些过度了，但后来我会安慰他们，而且安慰他们这件事对我也有帮助。有一次我也哭了，这一次换他们来安慰我了。与他人分享痛苦，痛苦减半。我们互相理解，彼此帮助。这可能是住院治疗的最大优势。和同类在一起，你不再孤单。

没有人会说："拜托，振作起来。你疯了。"相反，你会听到这样的话："哭吧，没事儿的。我明白你的感受，但现在我们需要继续努力，让痛苦停止。"

索默女士照顾到了每个人，她让每个人都能参与进来。她很有耐心，虽然有时也很严厉。我们开始在她的指导下疗愈彼此。我们了解到不同的心理与行为模式，互相分享经验，也学会了在所谓的暴露疗法中互帮互助——其实这就是"对抗疗法"，但暴露疗法这个叫法更好听，即有意识地面对恐惧。这些团体练习是我在海尔伯格诊所经历过的最奇怪和最情绪化的事情之一。

团体治疗虽然对我有所帮助，但并没有深入到我恐惧的核心。有些事我说不明白，有些事又太私人化。只有在迪特里希女士的一对一治疗中，核心治疗才真正拉开帷幕。

和卡勒一起慢跑

在我的治疗计划中，每周2次（早上8点），我要和一个跑步小组一起慢跑。一位名叫卡勒的运动员会指导我们这个小组，他负责诊所的整个运动和健身项目。卡勒符合我们对一名教练的所有刻板印象：肌肉发达、结实、声音洪亮、干练。在我们第一次见面时，他怜悯地看着我们。我们已经强迫自己准备好跑步了，所以他给我们准备了一个小小的拉伸热身。指令就像枪声一样从他的嘴里传来。他留着大髭须，穿的运动服绿得刺眼。一根烟斗挂在他结实的脖子上。他有一个很大的喉结。我不由得想起教过我的那个有点虐待狂倾向的体育老师,心情一下变得不好起来。开跑了——我们要跑到树林里去。

鸟儿在叽叽喳喳地叫着。太阳出来了。我跑步的节奏还可以,因此心情也好了一些。卡勒从我们每个人的身旁跑过,并传授我们一些跑步技巧。他建议我用不同的抬腿方式跑步,我不明所以。所以,当他去给我前面的男人解释他的鞋子完全不合适跑步时,我松了口气。半小时后,我们回到了诊所。"后天,我们再来谈谈如何选择合适的跑鞋,"卡勒喊道,"另外就是,你们中某些人的步伐有问题。"然后,他就让我们解散了。

我跑回房间,洗了把澡。在去吃早饭的路上,我决定不参加下一次跑步小组的活动了,包括之后的每一次都不去了。

但我没能如愿。我只错过了一次跑步训练,迪特里希女士就带我去进行个体治疗。"我看到了,"她看着一张纸条说,"你不在慢跑小组里了。为什么?"

"我不太喜欢。"我回答。

"那不行,"她说道,"你必须严格执行你的治疗计划。我恳求你认真地对待每一件事。"

面对如此严厉的态度,我感到有些惊讶。我沉默了几秒,然后喃喃地说:"好吧,我知道了。"

于是,我继续留在慢跑小组,卡勒很关照我。老实说,结果还真不错——尽管我觉得他是个四肢发达、头脑简单的人。后来，我可以自由选择一种免费的运动项目，比如，打羽毛球（这是我唯一还算擅长的运动）或者其他球类运动。我最喜欢的是曲棍球，因为只要用球拍把一个非常柔软的球打到对面的场地就行。我很快就学会了，像个疯子一样开始打球，连卡勒都点头表示认可。"不过，你好像带了很多攻击性啊。"他笑着喊道。他没说错，我对周围的一切都有一种愤怒，我不想待在这里，我不想生病，我不想照别人说的去做。可惜的是，我别无选择。所以，我把愤怒发泄在那个又大又软的球上。"来吧！"我喃喃地说着，告诉自己要全力以赴地坚持下去。

我的访客

当然，我在诊所待着时，也有访客来看我。歌莎经常来，我们试着尽可能地享受这些会面的时光。我们会去喝咖啡，在附近的树林里散步，或者在天气好的时候坐在诊所公园的地上。我告诉她在诊所发生了什么，歌莎告诉我家里的事、孩子们的事、朋友和亲戚的事。然后，我们假装整件事只是一个小插曲，之后一切都会好起来，或者至少会好得多。但实际上，我一点也不确定。

当然，有时候歌莎也会和孩子一起来。我们在附近的一家咖啡馆见面，因为我不想让亨利和汉尼斯看到诊所。我们会去吃蛋糕或者冰激凌，而在下午的"短途旅行"中，我们一家人再次相聚在一起。我振作起来，尽我所能地哄我心爱的孩子们开心,但在扮作小丑的外表下,我非常害怕自己再也无法像以前那样了。

朋友和同事也来看过我。这让我感觉很不错。我们天南地北地胡扯,谈编辑部里发生的新鲜事。我们假装一切都很正常。但每当他们说起"等你再回来"时,我就会直冒冷汗。如果我回不去呢?

也有几个朋友没有来看我,这让我感到很受伤。最痛苦的是,在我住院期间,有一位和我关系非常好的老朋友没有来看我,他没法很好地应对我目前的情况。我原谅他。后来我们再也没有谈过这件事,但我知道他对此怀有歉意。最后的最后,如果那些对这种情况完全陌生的人没有来拜访,那就完美了。这些人坐在床前的椅子上,费力地和我聊天,额头上写满了"我想离开这里"。在拜访结束后,每个人都如释重负。

不断摸索

在个体治疗期间,我坐在迪特里希女士的房间里讲述自己的生活。她做着笔记——所有的治疗师都做笔记,这会把人逼疯。你会非常好奇:治疗师在写什么?我刚才说的有什么重要的吗?我说了什么有启发性的话吗?或者干了什么蠢事?还是治疗师刚刚在写要不要买法棍面包?不得而知。你只需要习惯他们不停地打字,然后忽略这些就行。毕竟,治疗师记不住病人每天跟他们讲的所有废话也很正常。

迪特里希女士时不时地向我提问——关于恐惧是如何开始的她想知

道更多，并让我告诉她，当恐惧笼罩我的时候，我的脑子里到底发生了什么。最重要的是，她想知道我做了什么来减少恐惧。所以，我描述了所有身体控制、净化仪式和回避反应，我们开始系统地写下它们并进行分类。什么时候引发了什么恐惧？恐惧持续了多久？哪些恐惧特别糟糕，哪些不那么糟糕？怎么做减少了恐惧，什么行为又增加了恐惧？我让谁参与了强迫性仪式？除了医生，谁能让我冷静下来？我脑海里有哪些想法？我的身体发生了什么？

渐渐地，我们分出了几类，并建立了一种体系来处理焦虑症发作，而重点在于学会忍受一些事情的发生。例如，当我淋浴擦肥皂时，如果我又感觉摸到了"什么东西"，比如一个结节，那么，我不应该再强迫性地触摸几分钟，直到几乎把自己逼疯，而是应该立即停止触摸并忍受这种不确定性。这很难，但我做到了。事实上，在许多情况下，当我什么都不做，只是忍受情绪上头并表现得"正常"时，恐惧就会减少。

我们也谈到了我的其他方面。迪特里希女士想知道我在工作中是怎么样的，比如我与同事相处得好不好等。她想知道我对生活的态度是什么，简单来说，就是我的"精神面貌"如何。这导致了某种奇怪的情况。迪特里希女士坚持让我不要错过任何课程，她在这方面铁面无私。运动疗法和绘画治疗也是治疗的重要组成部分。特别是绘画治疗，因为人员短缺，能代课的老师很少，所以时不时会取消。很多时候，我们已经坐在房间里了，一位在隔壁上课的治疗师才前来告知我们今天的课不上了。"你们可以走了，"她说道，"苏珊娜病了。"然后我们就走了。我很好奇，为什么这位女士不能代这门课——告诉我们要画什么应该不是一项多么艰巨、不可接受的任务吧？但是没人代课，于是我们被遣散了。我觉得这很蠢。更蠢的是，我发现使用个人保险的病人得到的个体治疗时间比我们多。有一次，我把这两件事都告诉了迪特里希女士。她听完我的抱怨后问我："您是不是经常很快就会感到心烦意乱？您是不是很容易觉得自己受到了不公平的对待？"我心里一紧。她把我的批评看作是我疾病的一部分。因此在她看来，一个小小的、客观的抱怨很快就变成了一种病态的行为。我想，诊所可以用这种方式消除病人的任何批评。我决定克制自己的想法。我只是想康复，没想发动革命。

在诊所住了6个星期后，我收到了保险公司的一封信。在信中，我被告知，我因"丧失工作能力"，我的雇主将不再给我支付工资——我将不得不立即领取病假工资，即我总收入的70%。

这封信让我感到深深的震惊！我知道这件事会发生，但读到白纸黑字的通知仍然让我震惊。我的雇主不再付钱给我了，我不再领取工资了，而是成为德国福利制度的"客户"。我很高兴有这种福利存在，但一想到自己是一个受害者、一个需要帮助的人并且还是一个受益者，我就感到沮丧。每每读到信中所写的"丧失工作能力"这句话，我内心就无法平静，我再也不能养活自己和家人了。真丢人啊！我坐在房间的床上，问自己："这就是我的结局吗？"我和外面的生活愈发脱轨。我住在诊所里等待康复，和别人一起喝咖啡、做治疗、画画和慢跑，而外面的生活还在继续。在家里和职场，一切都像往常一样。但是，我却不再参与其中了。我在这里——在海尔伯格诊所这个由怪人组成的狭小的宇宙里。我很难过。当时的我并不知道自己很快就会变得更糟。我正站在生命中最黑暗、最深不见底的深渊前。

崩溃

崩溃是从一次个体治疗开始的。迪特里希女士和我的谈话一次又一次地围绕着我对疾病的恐惧展开，她认为现在是时候直视"老虎的脸"了。她给了我一本医学词典——对我来说，这是走向地狱的前奏，里面有我害怕的一切。她用笔标记了一些章节让我通读。我知道，阅读这些章节会让我把几乎所有东西都与自己联系起来——症状、警告信号、诊断。

我拿起这本医学词典开始阅读，心跳疯狂加速。

对我来说，这是赤裸裸的恐怖体验。癌症、艾滋病、炎症，对我是潜在的威胁。我每天都要面对虚弱、疼痛和痛苦。我睡不好，但我坚持住了——我想坚持下去。我读到的一切看起来好像都是抽象的，但又蕴藏着很多可能性。我总是努力对自己说：没错，这些风险都存在，但每个人都有这些风险，不只是你有。

有一天，我读到了一些让我完全偏离正轨的东西。亲爱的读者，我不想谈论医疗话题让你们感到厌烦。虽然在本书中我尽可能地诚实，但这个问题涉及隐私，我无法在这里把具体疾病名称写出来。简单来说，我了解到一种严重的疾病，而由于家庭因素，我患上这种疾病的风险增加了——之前我并不知道这一点。一股巨大的恐惧冲昏了我的头脑，我开始哭，身体开始晃动，感觉头要爆了。我的恐惧终于在现实中找到了落脚处——这风险就在那里写着。"这不该发生的。"我在心里尖叫着。现在，我的内心再没有别的东西了，只剩下恐惧。

那天晚上我翻来覆去，怎么也睡不着，于是我起来去医疗服务处要了镇静剂。当意识到我有多不舒服时，他们给了我几滴镇静剂。本想着它会让我平静下来，但结果却并不如人意——在黎明的某个时候，我短暂而不安地睡了一会儿，然后再次惊醒了。

第二天早上，我向迪特里希女士申请额外的治疗。她给我回电了，我告诉她自己的情况有多糟。她犹豫了一会儿，提出我可以在 1 小时后去拜访她，届时我们可以进行简短的交谈。我能坚持这么久吗？我答应了，然后等着。我很绝望。在此期间，我打电话给歌莎，哭着告诉她发生了什么事。她试图让我冷静下来，但我做不到。外人很难理解我有多绝望。"正常"的人会想："天啊，风险增加了。我能做什么？有哪些预防措施？事情如果就这么发生了，那我该怎么去面对和接受呢？"但是，对于像我这样的焦虑症患者来说，事情要戏剧化得多。现在，所有模糊的恐惧都得到了证实，这就像收到了死刑判决书：你要生病了，一切都结束了，你再也没有幸福的机会了。

我当时很沮丧。

迪特里希女士听完我的话，沉默了一会儿，然后说："我们现在必须解决这个问题。"

我开始哭。她说："在你的大脑深处，你知道自己在夸大其词。许多人都有与家族基因相关的健康风险，有的人病得很重，或者发生了事故。重要的是如何正确地处理。您现在也许认为这种想法对您没有帮助，但是，您会明白：总有一天您会找到对待恐惧的方法——我们会找到方法的。"

这些话我都清楚地听到了，但我并没有听进去。

备受煎熬

接下来的几周，我犹如置身地狱。我几乎不睡觉，经常哭，或者麻木地坐在房间里。我为自己感到难过，一种使人麻痹的抑郁把我牢牢地摁在爪下，我不知道该怎么办。迪特里希女士提醒我，在开始接受治疗之前，我已经接受了全面彻底的医学检查，根本没有理由如此绝望。我的身体很健康，明天会发生什么，没人知道。但是，我总是情不自禁地想自己很快就会生病，棺材就在我面前，而且我甚至看到歌莎和孩子们站在棺材前。没人理解我。朋友们向我解释说，他们的父亲或母亲很早就死于癌症，他们完全有理由担心自己得病，但是，除了信任上帝和定期做检查之外，他们也无能为力。一个人必须继续过好自己的生活。有时候，这些话对我有帮助，但一会儿之后，我又开始觉得自己要完蛋了。

这是一个鲜明的对比：在健康的世界里，夏天迷住了每个人，而我却被脑袋里的想法困在了地狱里。在这个地狱里，恐惧肆虐，沮丧折磨着我。一堵看不见但坚固无比的墙把我和正常的生活隔开了，我再也无法想象自己能再次把平静的生活找回来。没有治疗任务或其他事情的时候，我决定投身于大自然，希望能找到哪怕一点点安宁。还好诊所位于一个疗养区附近。从徒步小道穿过一片森林，从长椅上可以看到一块迷人的空地和小池塘。以前，我可以花几个小时坐在长椅上，观察蜻蜓、青蛙、鱼、蝾螈、水鸟。我一直对这些生物很着迷，而且它们可以让我平静下来，就像进行冥想一样。但现在，我坐在如此美丽的地方，除了悲伤，什么也感觉不到，就好像所有漂亮的照片都被一个变形的滤镜扭曲了。实际上，这让事情变得更糟；在诊所里，气氛很适合我的心情，而在这里，我愈发强烈地意识到自己不再属于这个美丽的世界。

尽管如此，我还是试了一遍又一遍。我感觉自己就像恐怖电影里的僵尸——即使是僵尸，也会回到过去生活的地方，因为他们对曾经有意义的事情有着模糊的记忆。有时，我会独自一人坐在长凳上放声大哭。太疯狂了。我的身体明明很健康，家人在家里等着我，折磨我的一切只是在我的脑海里（这是一种弥漫性的恐惧），但我却坐在那里，像一个生病的人一样哭泣，仿佛医生刚刚告诉我，我只剩下几个月的生命了。

有几次，我实在感觉太糟糕了，干脆躲在灌木丛里，跪在地上，用夹克捂住嘴，绝望地尖叫。我内心的压力必须通过某种方式释放出来，我尖叫到筋疲力尽。有时候，这样做也有帮助。结束后，我就像一只被打得屁滚尿流的狗一样溜回诊所。在此期间，我第一次想到自杀。在我看来，做什么都比忍受恐惧的感觉要好。但后来，我在脑海中看到了妻子和孩子们，想象着他们绝望地站在我的坟墓旁，于是我决定坚持下去。不管怎么样，我知道不会有比这次住院更糟糕的事了。我必须在这里完成蜕变。我不得不这么做！"振作起来，"我对自己说了 100 次，"照他们说的做。"我想肯定会有好结果。众所周知，只要希望还在，生命就还在。

停滞不前

就这样，我完成了所有的个体和团体治疗，希望病情能够好转。但是，病情并没有好转。我变得越来越冷漠、越来越无所谓：虽然表面上我会配合着做所有的事，但是内心只剩下一潭死水。然后，歌莎带着孩子们来了，他们想爸爸了。我们一起去了诊所附近的一个动物园。我试着假装什么都没发生。孩子们被动物迷住了。当他们抚摸一只温顺的雪貂时，它钻进了汉尼斯的夹克里，逗得孩子们哈哈大笑。我站在旁边看着他们，看着歌莎跟着笑，却感觉痛苦对我发起了攻击。我感觉脑袋要爆炸了，巨大的压力袭来，甚至发出一种恶心的、持续的、越来越大的嗡嗡声。痛苦在我的脑海里尖叫。我费力地挤出几个字"我马上就回来"，然后跑到最近的厕所里痛哭起来。好不容易平静下来后，我才回到家人身边。

后来，在我们去喝咖啡的时候，我看见歌莎的眼睛里饱含热泪。有我这样一个丈夫，天知道她到底遭了多少罪？

不久之后，迪特里希女士想邀请歌莎一起见个面，讨论一下她在我回家探亲时应该怎么做。我还记得在谈话中，迪特里希女士问歌莎有什么愿望。歌莎看着她，哭了起来，说道："我想要我的老公回来。"

我的心都快碎了。

与迪特里希女士的会面结束后，我们手拉手在诊所的公园里静静地散步。夕阳下，我们坐在长椅上，靠着彼此，闭上眼睛，然后两人都短暂地睡着了。对我来说，这是难得的内心平静的时刻。之后，我经常在脑海中想起当时的画面：我们两个坐在长椅上依偎着彼此。当时的我在想，未来会给我们带来什么呢？我，我们，还有未来吗？

在家却像陌生人

当我回家探亲的时候，我觉得自己好像是个陌生人。不知什么原因，我好像已经不属于这个世界了，就好像现实发生了变化。但是，我对歌莎和孩子们的爱却有增无减。为了她，我想战斗，恢复健康。但是，恐惧和沮丧筑起一堵无形的墙，把我和他们隔开了。我当时在那儿，但又不是真的在那儿。而且，我觉得自己越来越没用了。我不能工作这件事也给我带来了很大的思想负担，我已经告别职场了，那我接下来要干什么呢？

有一天，我收到了主编安妮·沃尔克写给我的一封信，部分内容如下：

亲爱的凯斯特，我们都很想您，特别是您部门的同事。我们衷心希望治疗有用，希望您以后能好起来，最好彻底痊愈。别担心，我们再撑几个星期完全没问题。您建立了这个部门，所以整个团队都非常依赖他们的老板凯斯特，也绝对不会让您失望。团队对您有着非常高的忠诚度，您需要在诊所待多久就待多久。然后，再和您的家人一起去度个假吧！您的家人和您都非常需要放松。这可是一个工作命令哦！

多好的人，多么棒的老板！我无法用言语形容这封信给了我多大的帮助和勇气。同事们也写信给我、拜访我，他们总是给我这样的感觉：我们在等你！你能做到的！坚持住！除了歌莎的努力之外，这种团结的力量极大地鼓励了我，对我的康复起到了决定性的作用。

但在康复之前还有很长的路要走。我在诊所和在家里有点不一样：在这里，我不是健康人中的病人，而是许许多多有问题的人中的一个。这让事情变得更容易了：在诊所里，你不必不断地解释自己，因为你被理解了，也感到自己被理解了。这就像在一个荒岛上：我们和外面的世界分开了,仿佛活在一首具有欺骗性的田园诗里。我们紧紧地团结在一起,但是我们心里都知道最终必须面对现实。外面的世界才是真实的,虽然在那个世界里,并不是每个人都能理解我们的问题。即便如此,为了那些需要我们的人,我们必须继续前进和努力。

毒品咖啡馆之旅

在个体、团体治疗以及所谓的暴露疗法中,在治疗师的帮助下,或者在其他病友的支持下,在一个受控的框架体系内,我们必须独自面对自己的恐惧和压力。

其中一个暴露练习是这样的:在附近的一个大城市里,有一个毒品和成瘾咨询中心,旁边有一家咖啡馆。那里显然有吸毒者,而且其中许多人还感染了艾滋病毒。对于像我或约阿希姆这样对细菌、病毒和疾病感到恐惧的人来说,这是一个绝对恐怖的地方,而这就是我们和迪特里希女士一起去的地方——为了在那儿"喝杯咖啡,吃块蛋糕"。对约阿希姆和我来说,这听起来更像是"我们去坐在动物园的老虎笼子里,看看会发生什么吧"。

我们俩都不想去,但迪特里希女士是无情的。"其实你们都知道,"她说,"我们是不会通过杯子或者叉子感染艾滋的。一切都取决于你们的感受。最后你们会发现,你们能够而且会撑过这次外出的。"

我答应了,但约阿希姆拒绝了。对他来说,这是一件可怕的事。由于他在其他方面也没有什么进展,所以诊所问他是否想回家休整下。如果只是坐在一个房间里,除了害怕以外什么都不做,那么,他在哪里都能做得很好。约阿希姆知道自己已经到了十字路口:他要么加入,要么离开。最终,他决定加入。于是,我、约阿希姆和两位治疗师去了那个充满瘾君子的咖啡馆。去之前,我们收到了一份小册子,向我们解释练习的性质。上面有句话是这样说的:"您需要意识到,即将到来的练习只有在引起您不愉快的感觉时,才会对您有所帮助!从不愉快的感觉中,您会发现自己做得很好。"

这个练习会让我们产生不愉快的感觉。除此之外,还有啥?

约阿希姆、我以及同行人员来到一个简陋的房间,里面有一张破旧的柜台,桌子上盖着多次擦洗过的桌布。我们感觉很糟糕。我们面前摆着一杯拿铁玛奇朵和一盘罂粟蛋糕——居然是罂粟,真好笑,但我们一点都笑不出来。其他桌子上坐着一些非常消瘦的人,显然,他们都是吸毒的瘾君子。约阿希姆出汗了,而我心悸了。他们为什么要这样对我们?我们两个都盯着咖啡杯、盘子和餐具。谁用这个杯子喝过咖啡?谁用这个盘子吃过蛋糕?是我们周围这些魂不守舍的人吗?这些餐具都清洗干净了吗?那些是污渍吗?甚至是血迹?我们都没喝咖啡,也没说话,内心备受煎熬。但是,迪特里希女士却表现得好像我们正坐在一家寻常的咖啡馆里一样:她和同事愉快地吃着蛋糕,悠闲地喝着茶。最后,她看着我们,只轻描淡写地说了句:"先生们,享用吧。"我拿起杯子,小心翼翼地喝了一口咖啡,吃了一块蛋糕。我可不想被叉子弄伤了——伤口是病毒或细菌的最佳入口。典型的强迫思想又出现了。约阿希姆也开动了,然后就开始发抖。迪特里希女士轻轻地把手放在他的肩膀上,说道:"你做得很好。"她也向我点了点头。

约阿希姆脸色苍白,呼吸沉重,一句话也没说。我也保持沉默。我确信我已经感染了某种病菌。在这个充满艾滋病和流行病的地狱里,不被感染是不可能的。约阿希姆后来告诉我,他也坚信自己当时被感染了,他觉得自己就像被关进了死囚牢房。我们静静地坐在椅子上,恐惧的风暴在脑海里肆虐。

迪特里希女士和同事随后与我们进行了交谈。谈话一开始不太顺利,但我们最终冷静下来后还是开口了。对治疗师来说,这是我们可以离开的信号。两个蛋糕都只吃了一半,咖啡也没喝完。但至少,我们不顾一切地咽下了被污染的食物。我们不得不消化这一切,而且这一切不仅在胃里,更在我们生病的脑袋里。

回诊所的路上,迪特里希女士对我们说:"你们应该为自己感到骄傲。你们选择了勇敢地面对,没有逃跑。你们默默地忍受恐惧,感受恐惧慢慢地减少。我知道,这件事没有过去,它还会给你们带来灾难性的感受和恐惧,但你们最终会熬过去的。你们今天都取得了不错的进展。"

她是对的,影响仍在持续——那晚我和约阿希姆都没睡着,紧接着的几天我们睡得也不好。恐惧向我们发起攻击,我们深感不安。但是,在接下来的日子里，一切都开始变得越来越好，渐渐地，我开始忘记在毒品咖啡馆里发生的一切，或者说，至少这件事被放到了一个不再那么重要的小角落里。除此之外，这件事还带来了另一个积极的影响：经历这次暴露练习后，我和约阿希姆拉近了彼此之间的距离。之后，我们在诊所里来往得更密切了，最终成为好朋友。

与约阿希姆的友谊

约阿希姆和我非常小心地接近彼此。对他来说，暴露疗法已经取得了初步的成功，他现在可以越来越频繁地离开自己的"无菌壳"了。我们会时不时地喝杯咖啡，散散步，聊聊天。就这样过了几个星期后，他开始允许别人触碰他。这件事儿很有意思：我们离得越近，对细菌等的恐惧反而越小。过了一段时间，我终于可以和他握手或者拍拍他的肩膀了。这可能是因为他知道我也是一个害怕辐射、细菌、病毒和疾病的人，并且非常注意卫生。但我认为，主要原因可能是我们能够相互同情，他才不再对我战战兢兢了。

在我们的聊天中，我得知他的心理疾病摧毁了他生命中的许多东西。他本来事业有成，但现在和我一样面临着同样的问题——是否能够再次回到职场。我们的心理疾病在很多方面都有共同点，但在其他方面又完全不同——我们其实是完全不同的人，拥有完全不同的社会行为模式。他说，他喜欢跟大家分享自己去了哪儿，至少以前是这样。不过，现在他身上已经没有多少过去的影子了。他很想念打拳击的感觉，在工作令人头疼的时候，打拳击就是他平衡压力的最好办法。而且，他打得很好。他说，他以前天不怕、地不怕。"现在，再看看我……"他先是发出一声叹息，然后又摇了摇头。

约阿希姆把消过毒的拳击手套带到了诊所，并在诊所附近的小树林里独自训练。"拳击，"我曾认真地考虑后对他说，"我要是也会打拳击就好了。"但是，过去的我习惯了避免任何身体上的对抗。我跟他说，在紧急情况下进行自我防卫似乎是一件很不错的事儿。他看着我说："要不你试试吧，熟能生巧。"

于是，他允许我陪他去小树林里一起训练。正好，我也想看看他是怎么打拳击的，自己也顺便锻炼一下。我感觉挺不错的。

一周之后，他提出教我一些基本的拳击技术，而我只需要戴一副简单的拳击手套就行。"如果可以的话，买副新的吧。"他对我说。于是，我让歌莎帮忙订购了一副手套。她很惊讶，但也觉得这事儿挺有意思的。一周后，我拥有了第一副拳击手套。从那时起，约阿希姆便经常和我一起去树林里练习打拳击。打拳击太有意思了。在第一次训练中，约阿希姆让我打他。他告诉我不用担心，因为他只会躲开，不会反击。我从来没见过如此狂野的他。直到这时候，我才意识到这个人是多么地健康而且训练有素。

然后，他开始教我第一个搏击动作组合，陪我练习防守。最重要的是，他教会了我在冲突不可避免的情况下如何保护自己——不要在对手面前张开双腿，而是要横向转动，保护柔软的内脏，把左臂放在身体前面进行防御。这样规律的训练对我很有好处，对他也是。约阿希姆完全沉浸其中，他不再是受害者，而是一个向新手介绍武术秘密的师父，就像空手道小子（Karate Kid）那样。

空闲时，约阿希姆和我经常在一起，我们成了很好的朋友。后来，当我们离开诊所时，也常常私下见面。再后来，我们又分道扬镳了，因为他去了另一个城市。他当时说的一句话听起来很奇怪，却很有道理。"你知道吗，凯斯特？"他说，"我们就像在一起打了一场仗。共同的经历将我们联系在一起，没有经历过的人很难理解。"他是对的。我们目睹了对方是如何完全倒下，又是如何一点点地重新站起来的。可以说，正是心理战争中的前线经历将我们联系在一起。

在毒品咖啡馆所做的暴露练习并不是最后一次。我记得很清楚，有一次我陪着约阿希姆在医院里摸了几分钟的垃圾箱。他把手放在垃圾桶上，汗流浃背，泪水顺着脸颊流下来，但他挺了过来。

与约阿希姆的友谊让我收获很多。我们在树林里一起训练，这帮助我至少在几十分钟内忘掉了恐惧，也让我对自己的身体恢复了一些信心，因为约阿希姆说我的反应能力高于大部分人的平均水平。虽然我的体型看起来就像一只小"蜘蛛"，但并不妨碍我反应快速和敏捷。

埃基、伊娜与其他病友

我想,我永远不会忘记和病友们一起做的其他练习。例如,社交恐惧症患者埃基必须去百货商店买一些东西,而且因为他很快又改变了主意,不想要所买的东西了,所以他必须去店里退货。虽然没有人喜欢这种麻烦事儿,但这对埃基来说尤其困难,就像要求他和鳄鱼一起游过池塘一样困难。一直以来,他总是习惯性地紧绷神经,时刻战战兢兢。和所有社交恐惧症患者一样,埃基必须学会克服对他人评价的过分恐惧。因此,为了使自己的脸皮变得厚些,他必须不断地暴露在一些对他来说非常不愉快的场景下:去百货商店退货、在大街上唱歌、在人群中古怪地走路等。这样他就会知道,即使别人不认可,生活照样会继续。当然,在日常生活中,他没必要刻意这样做。暴露疗法确实有助于他恢复正常的生活,虽然在彻底克服恐惧之前,埃基还有很长的路要走。

强迫性囤积癖患者伊娜学会了从没有打开的箱子里解脱出来——这个过程也不容易。虽然她心里也知道这些箱子里没有她的护照、出生证明或任何重要的东西,但要她把自己囤积的箱子扔掉似乎难于上青天。不过,最终她还是做到了。

还有许多病友中断练习、重新开始,又再次中断。这其实都是很正常的现象,因为在练习的过程中,大家有时会出错,有时会备受折磨,有时练习本身难度太高了。但总的来看,对大多数人来说,练习是康复过程中的重要一环。

厌食病房里的幽灵们

就像我已经说过的,别人看不出我们中的大多数人哪里有毛病,因为问题主要发生在我们的脑海里。一双受过专业训练的眼睛可以很容易地识别出一个抑郁症患者、社交焦虑症患者或者强迫症患者。但在实际生活中,乍一看,我们跟普通人并无两样。不过,厌食症患者的情况不太一样。他们被安置在单独的病房里,一开始我没有见到过任何一个厌食症患者。实际上,我后来才知道,在我住在海尔伯格诊所的这段时间里,诊所里的厌食症患者全是年轻的女性。有一天,当我和其他几个人在食堂吃午饭的时候,我第一次遇到了曼努埃拉提到过的"厌食病房里的幽灵们"。这个词非常贴切。食堂的门开了,三个年轻的女孩走了进来。我吓了一跳,她们看上去很可怜——骨瘦如柴、脸颊凹陷,身上的衣服都在颤抖着。她们低着头,缓慢地、静悄悄地走到治疗师给她们安排好的桌子前。然后,她们就这样坐在那里,凝视着空气中的虚无,一言不发。可以看得出,她们很难受——在这个大房间里跟很多人在一起,还要在所有人面前吃饭。进食是她们最大的问题。我们其他人都坐在桌子旁,把碗里装满的食物一扫而光,但对她们来说,吃掉面前的食物却是充满恐惧的挑战。

"为什么我以前没见过她们?"我问曼努埃拉。

"因为她们通常在看管下待在病房里吃饭。"她回答道,"但有时候,她们也会来这里吃饭——作为一种练习,在一个正常的环境中吃东西。"

正是如此。治疗师给女孩们端来一小碗凝乳或类似的东西，她们开始缓慢地进食，吃饭对她们来说似乎并不是一种享受。

事实上，在厌食症治疗的一开始，首先便要教导患者再次进食。食物就是"药物"。只有在体重显著增加后，才能开始实际的治疗。对每个病人都要定期称重并做好记录，每周都要让其增加体重。听说，在这个过程中，患者还会经历一次又一次的惊恐发作。之前，病人长期努力避免体重的增加，现在却可以明显地看到体重的增长，这让有些患者不禁泪流满面。当然，在理智的层面，她们也知道不吃东西会有生命危险，但是恐惧和强迫症却让她们难以自拔。因此，厌食症患者的进食必须始终在治疗师的指导下进行——治疗师要看着她们，确保她们吃下了食物。

我看着和我一样同病相怜的病人们，对这三个几乎快饿死的女孩深表同情。现在，她们在治疗师的监督下增重，以便能够接受后续治疗。毕竟，如果躯体生病了，徒有灵魂，又能做什么呢？

一个人的战斗

遇到厌食症患者之后，我独自一人坐在房间里沉思了很长时间。"相比之下，你的日子还不算太难过。"我对自己说。我经常这么做，试图将自己的痛苦与其他过得更糟糕的人进行比较。有时候，这么做有帮助，于是我决定振作起来。但是，通过这种方式获得的平静无法持续很长时间。每个人都有自己的恶魔要面对，发现其他人要面对的恶魔更可怕，并不能从根本上解决自己的问题。真正有益的是那些同为患者、相互理解的人提供的温暖和联结。诊所成了我熟悉的小天地,以一种特别的方式支撑着我。

这对我虽然是莫大的安慰,但没法为我提供长期的帮助。我完成了个体和团体治疗,即所谓的"改造了自己"。在许多谈话中,我谈到了自己的死亡焦虑、患病焦虑和不安全感。迪特里希女士试图教我改变自己的思维方式,因为我总是只看到灾难和最坏的情况。我做不到随遇而安,我没法对自己说:"世事不可强求,要顺其自然。改变你能改变的事情,接受你无法改变的事情。"

我陷入了恐惧的旋涡中,睡眠很差,总是很忧伤。起初我感到恐慌,但这种恐慌逐渐让位于一种麻痹性的抑郁。我的情况时好时坏,但一直郁郁寡欢。我很仰慕的社会学家哈特穆特·罗萨在《不受掌控》(*Unverfügbarkeit*)一书中称抑郁症为"共鸣的沉默"。没有什么能打动病人的心弦了。"外面的一切都是死的、灰色的、冰冷的、空虚的,而我内心的一切也都是无声而麻木的。"这就是我在每个至暗时刻的感受。

然而,我一次又一次地振作起来,接受治疗、回家、在诊所接待朋友以及我的家人。有时候,喝完第二杯酒之后,和家人或者客人共进晚餐时,我甚至会感受到暂时的解脱。我想:"啊,其实生活还不错。"不幸的是,晚上醒来时,当酒精的作用消失以后,一切反而更令人沮丧。所以我能理解,为什么许多精神病患者选择喝酒或者服用药片。我们渴望得到解脱，但是又必须振作起来，绝不能成为酒鬼或者瘾君子。

顺便说一句，罗萨的书教会了我用不同的方式看待生活。罗萨说，现代人几乎都想更多地支配、掌握和控制这个世界。而对我来说，最大的愿望则是恢复健康。要是我能得到一张盖章的保证书，上面写着"这个人永远不会生病"，那就好了。但无论我的渴望多么强烈，这种保证并不存在。

"但是，活力、触动和真实的经验是存在的，"罗莎说，"存在于所有的不确定性之中。全然知道一切的、计划好的、完全受控制的世界是一个死气沉沉的世界。"根据罗莎的观点，只有在无法掌控的世界中，我们才会用力地活着。我们必须学会让事情自然发生，而不是总要试图影响和控制它们。只有这样，我们才能获得真正的、深刻的幸福体验。换句话说：放手吧！罗萨非常精辟地阐述了这一观点。在导言中，他以飘雪为例描述了一种纯粹的无法掌控的事件。

我们不能制造一场飘雪，我们不能强迫它发生，甚至不能预先计划它，至少不能长时间这样做。更重要的是：我们无法抓住雪花，不能将它据为己有。如果我们把它捏在掌心，它就会从我们的手指间溜走。如果我们把它带进屋内，它还是会溜走。如果我们把它放进冰柜，它就不再是雪花了。也许这就是为什么许多人——不仅仅是孩子们，都渴望一场不期而至的大雪，尤其是在圣诞节的时候。

我成了老兵

如今，我已经在诊所里住了 2 个多月。我的情况还是不太好，但是我心里知道：我没法永远待在这里。我认识的第一批病人已经出院了。他们彻底康复了吗？没有，但是他们已经好多了。我很快就明白了，电影里的幸福结局并不存在：人们完全康复了，幸福地微笑着，重新投入亲人的怀抱。全家人在诊所外面等着，把他们的父亲、母亲、儿子或者女儿带回家，一切都好了起来。可惜，现实并不是这样，而且永远也不会是这样的。这个诊所里的很多患者曾过得很糟，他们在外面活不下去了。在诊所里，他们的病情变得稳定了，他们学会了用不同的方式更好地处理自己的问题，并且通过努力变得越来越好。出院的人仍然患有疾病，但他们已经走在正确的道路上，朝着积极的方向发展。痊愈也许需要几个月，也许需要几年。几乎每个人在经过住院治疗后都会继续接受门诊治疗——我意识到自己同样也别无选择。一开始，我以为我会在诊所里痊愈。这也是为什么我把一切都抛在脑后，和家人分开、冒着丢掉工作的风险，也要到诊所里来接受治疗。但现在，我很清楚痊愈时刻不会因此到来，我不会在这里得到彻底的救赎。搞清楚这一点之后，一开始我变得更加沮丧了，但是为了继续前进，我逐渐明白认识到这一点是很有必要的。

我们把返回正常世界的人送走了，就像送回国度假的士兵一样。我们举办了晚宴，有吃有喝，还有演讲，我们互相开玩笑，也互相鼓励。

"坚持住。""别让自己被打败了。""可别忘了我们啊。"我们可以肆无忌惮地互相开玩笑,这是我们作为病友的特权,而正常人不能开我们的玩笑。在伊娜出院的时候,我们给了她一个小盒子,让她保存跟我们一起的记忆。

有一天,我们的强迫症病友霍尔格也出院了。他的情况已经相当稳定了,但离痊愈还有些遥远。他极度害怕失去工作,所以决定出院回去工作。当他向我们道别时,还在一张纸条上给我写了他的电话号码。当他把纸条递给我之后,突然叫住我:"等等。"他接着说:"我最好再检查一遍,感觉有个数字写错了。"他伸出手,我对他笑了笑,摇了摇头,感觉好像回到了暴露疗法的小组练习现场。"霍尔格,"我说道,"你还没离开诊所呢,老毛病就又犯了。我很肯定电话号码是对的,你只是想再三检查确认罢了,所以我是不会把纸条给你的。"

他也笑了笑,点了点头。我知道他还有很长的路要走。

多年后,他来看过我一次。正如他所说,他仍然"在路上":有时好一些,有时更糟。他一直挣扎着在梦寐以求的提前退休的计划成功之前,努力度过这段职场时光。霍尔格的承压能力不是很好,他虽然总能振作起来去工作,但无法完全摆脱强迫症的束缚。而其他人在出院以后都过得不错,有些人甚至过得非常好。

那么我呢?我暂时和其他人待在一起,他们还没准备好出院。约阿希姆、曼努埃拉、埃基和我现在是小组的核心成员,我们算是老兵了。我为新来的病人做了好几次入院介绍。看着那些悲伤、陌生的新人,我不禁想起了自己刚来诊所的情景，当时的我是多么地失魂落魄。现在，我虽然是团体中的老兵，但时间一长，团体好像也不起作用了——毕竟，再硬的核心早晚也会互相分离，散作满天星。

约阿希姆周末经常一个人留在诊所。有一次，我邀请他来我们家喝咖啡。歌莎同意了，我向她和孩子们解释了约阿希姆的行为方式：最好不要碰他，也不要和他握手，把我们的狗关起来，确保家里的一切都一尘不染。歌莎有点恼火地摇了摇头，但为了我，她还是做了这一切。下午，约阿希姆过来了。这是一次愉快的会面。最初，他有些紧张，但后来明显放松下来了，甚至在告别时还和歌莎握了手，摸了摸男孩们的头。我很高兴，他已经好多了，虽然恐惧还在，但他现在能够做到更好地控制恐惧，并且与之斗争。他也不明白为什么，但是他觉得亲近的熟人比其他人更干净更安全，更少受到细菌的污染。

后来，歌莎向我透露，她很高兴我在诊所交到了这样一个朋友，并且把他带来了。而且，她非常诚实地向我坦白，如果是一个正常人前来拜访，会更好些。毕竟一个我，已经够她受的了，再加上一个总是怀疑周围环境和身边的人是细菌的潜在来源的强迫症患者，对她来说太累了。我能理解她，事实确实如此。我们需要始终保持警惕，以免再次失足掉进深谷。尽管如此，这次会面还是值得的。约阿希姆对歌莎和孩子们印象深刻，而且说他很快就感到很"安全"。这对他来说是很大的进步，可喜可贺。

马丁来看我了

我的手机响了,是我的第一个治疗师马丁,他想来看看我,我马上答应了。第二天下午他就到了,我们坐在户外的长椅上聊天。他问我过得怎么样,治疗是否有进展,我一五一十地回答了他所有的问题。尽管对我来说开口有些困难,但我还是问了他一个关键的问题:"您有没有想过,当初我在您这边做治疗时进展并不顺利,是不是应该早点结束呢?"

马丁看着我的眼睛,回答说:"是的,我想过这个问题。真的很抱歉,我没能早点认识到这个问题。在这个过程中,我也学到了一些教训。人会犯错误,我确实犯了一个错误。"

我立刻原谅了他,也许他只是需要时间从我当时混乱的情况中得出正确的结论。我们拥抱在一起,他说我们别再用敬语相称了,还说他会在我出院后尽他所能地帮助我。

事情也是这样。在他的同事兰普雷希特给我做门诊治疗后,马丁成了我的私人顾问,在工作上和我陷入危机时为我提供建议,因为他非常了解我。当然,我肯定希望早点接受正确的治疗,但我从来没有后悔过认识马丁。

小插曲

有时,诊所里也会发生一些"事件",这些"事件"扰乱正常的平静,引起大量讨论。比如,有一天,我坐在房间里,突然听到走廊里有人在大吼大叫。在这儿,这种事很少发生。怎么了?我好奇地走出去,注意到咆哮声是从一个治疗师的诊疗室传来的。门开着,我认出了吼叫者的声音,是格诺特,他是一个患有恐惧症的摄影师,曾和我一起跑步。可是,他此时的咆哮声听起来并不像是出于恐惧。

"我要留下来,"他喊道,"我还不能回家。我警告你,你不能这么做。"

显然,诊所希望他出院,但他不愿意接受。我时不时地听到治疗师发出试探性的声音,试图让他平静下来,但并没有成功。格诺特的嗓音越来越大。其他病人也纷纷走出房间,站在走廊上,茫然地朝诊疗室望去。我离得最近,一激灵走了进去——没多想便走进了房间。格诺特站在明显受到惊吓的治疗师面前,正在咆哮着。

"嘿,格诺特,"我大声说,"你已经进步了不少,继续待在这儿也不会有大的进步了。"他转过头来,瞪着我。我想:"现在要挨打了吧?"劝说的话一说出口我就后悔了——我不该干涉别人的事。但是,我现在也没法一走了之了。我想,不如"大事化小,小事化无",于是继续说道:"他们想让你出院。别烦心了。走吧,我们出去喝杯咖啡聊聊天。在这儿大闹一点儿用也没有。"

格诺特继续瞪着我,然后点了点头。他真的崩溃了,泪水顺着他的脸颊流了下来。就在这时,两个治疗师走进了房间,其中一个大声问道:"怎么回事?""他已经冷静下来了。"我说。这个治疗师盯着我说:"现在，请您离开这个房间。马上离开，这件事和您无关。"

我走了，心里想："真是太棒了，我好心的劝说防止了事态升级，避免了可能的攻击。最后，我居然被当作吃瓜群众给驱逐出去了。"

后来，格诺特在诊所没待多久。然而，直到今天，令我恼火的是，当时躲到一边的那个治疗师之后再也没有跟我说过话，没有对我说过一声"谢谢"或者给过一句解释。这件事对她来说似乎很尴尬，所以当我们再见面时，她总是避免和我进行任何眼神交流。我觉得这太蠢了，其实只要说一句"谢谢你的介入"就够了。毕竟，治疗师也只是人，但她显然不愿意承认这一点。

其他的"事件"还包括病人们在夜间抽泣。然后，医生会来敲门，试图让病人平静下来。如果病人无法平静，他们就会叫急救服务，因为绝望的病人是有可能伤害自己的。不过，我在诊所住院期间，没有遇到过这种情况。

我还想提下另一个给我留下深刻印象的"事件"：在我们的病房里出了一对恋人。两个绝望的灵魂爱上了彼此，互相依恋。病人之间恋爱并没有被明确禁止，但治疗师不希望出现这样的情况，因为这会扰乱整个团体的氛围，妨碍病人直面自己的问题。于是，这两人就像罗密欧和朱丽叶一样在夜里相聚，在万籁俱寂的时候偷偷溜进对方的房间，或者在公园里散步。作为病友，我们都知道这件事，而且还为他们俩感到高兴。在这里已经够难了，所以我觉得有一点爱和性也无伤大雅。我无法判断这种恋爱关系是否真的对他们有帮助。顺便说一句，这段恋情并没能维持多久。我后来才知道，他们一出院就分道扬镳了。

回家之路

那我的情况呢？我仍然在默默地忍受痛苦，为自己没有进展而感到难过。我乖乖地接受了个体和团体治疗，倾听治疗师们所说的话，试图改变我的行为和思维方式。虽然取得了一定的成功，但恐惧的乌云仍然盘踞在我的头顶上。无论我走到哪里，这片乌云都伴随着我。慢慢地，我开始接受这样一种想法：也许情况会一直如此。这就是我的未来吗？永远像一个充满恐惧的僵尸那样跌跌撞撞地度过余生？没有幸福？没有工作？也许最后还会失去家人？晚上，我总是辗转反侧，直到精疲力竭地睡着为止。接着，在黎明时分，又被鸟儿叽叽喳喳的叫声惊醒。我不由自主地变成了一个早起的人。有时候，我甚至在吃早餐前就去公园里闲逛，因为我再也受不了在房间里踱步了，在大自然里我还能找到些慰藉。

你现在可能会好奇：这个人是怎么恢复健康的？他是怎么走出诊所回归正常生活的？回答这个问题并不容易。其实，并不存在所谓的突然转变，也没有什么救赎的故事可讲——康复是一个非常缓慢的过程。离开海尔伯格诊所是我自己的决定，没有其他人让我离开。我选择离开，并不是因为我已经恢复到了原来的样子，而是因为当时我觉得自己可以不用继续住院治疗了，只要接受支持性的门诊治疗就可以。

个体和团体治疗告诉我，与恐惧做斗争是没有意义的，我必须学会感知和忍受恐惧，因为恐惧是我生活的一部分。但渐渐地，我开始明白，生活带给我的不仅仅是恐惧和绝望。毕竟，我并没有确诊任何危及生命的疾病，也无法预测自己是否以及何时会得病。我拥有妻子和孩子、朋友、工作和同事。我想重新体验这一切，感知自己和他人，重新投入创造和工作中去。我想拿回原本属于自己的生活。在最黑暗的时候，我也一直在想着这件事，那时候，我听天由命地认为这种生活对我来说已经变得遥不可及了。但现在，似乎一切都还有可能。

是的，我的身体可能会得病，但至少现在还没有。我基本上是一个健康的人，而且处于最好的年龄段。我的精神状态确实有问题，但我想永远这样下去吗？像僵尸和老油条那样一直待在这个诊所里思考人生？不，我不想这样。我开始接受生命是有限的和有风险的这一客观的事实。没有人知道明天会发生什么。我不得不活在此时此地，因为没有其他办法。恐惧不会消失，它还会继续陪伴我，我必须以不同的方式对待它们。我越来越频繁地和迪特里希女士讨论离开诊所的可能性。她没有给我一个明确的日期，但认为我已经有所好转。歌莎也是这样认为的，她告诉我她很期待我回家和家人在一起。"我们一起加油，"她说，"你、我，还有治疗师。我觉得你可以！"

但我还没做出最后的决定。我真的要出院了吗？我是不是应该等到感觉更好些的时候再说呢?

  我还记得做出最后的决定时的情形。那天,我又一个人出门了。阳光灿烂,我坐在树林里的长椅上,还是为自己感到有些难过,因为我觉得恐惧还在。然后,我回到了诊所。约阿希姆和几个人正坐在露台上喝咖啡。他们看见我从树林里出来,挥手说了几句傻不拉几的玩笑话:"嘿,伙计,我们还以为你上吊自杀了。"我摘下太阳镜,笑着说:"你们知道吗?我决定先不死了,最好等几十年再说。我可不想轻易地死掉。"

  他们大笑,我拿起一块蛋糕和一杯咖啡,和他们坐在一块儿。我感到一种意料之外的轻盈。就在那一刻,我知道自己准备好了。该走了。回家!

| 第 6 章 |

我是如何进行自救的？

你可能已经猜到了：我不建议任何患有严重精神疾病的人进行自我疗愈，独自渡过难关。原则上来说，心理治疗或药物治疗介入的时间越早，治愈的机会就越大。我已经等了很长时间了——在得到专业的帮助之前，我显然等得太久了。如果能更早地去看心理医生，我会为自己和家人省下很多钱。如果我能早点意识到自己真的病了，我会更快地进行治疗。但我一开始只是觉得自己有点不对劲，没想到情况却越来越糟。事实上，这种痛苦是恐惧、抑郁和强迫症的混合体，时好时坏，我只是无法用语言准确地表达这一切。

到目前为止，我已经完成了门诊治疗和住院治疗。我学到了很多东西，也读过很多关于精神疾病的纪实类书籍。我真希望自己当初能早点读到这些书，因为其中有些书真的非常棒，算得上真正的"急救"，而且提出了许多重要的观点，让我得以明白自己到底怎么了。那些像我一样有着严重的强迫性想法，惊恐地认为自己完全疯了的人，只能独自忍受着痛苦。他们感到非常孤独，因为这一切都太难解释，也太羞于启齿了。几年后，我偶然接触到了杰弗里·施瓦茨（Jeffrey M. Schwartz）所写的《脑锁：如何摆脱强迫症》（*Brain Lock: Free Yourself from Obsessive-Compulsive Behavior*）一书。书中的某些部分非常精准地描述了我所经历的一切：所有可怕的遭遇，所有试图减轻头脑压力的绝望尝试，所有我想逃离但并没有消失的想法。读完这本书之后，我才真正理解我并不是唯一一个面对这种问题的人——世界上越来越多的人都深陷其中。

这本书充满启示，令人豁然开朗。

除此之外，汉斯·莫心思基（Hans Morschitzky）和丝琴·萨托（Sigrid Sator）合著的《恐惧的十面》（*Die zehn Gesichter der Angs*）也让我感到"相见恨晚"。此书将许多问题以及我在本书中所提到的后来帮助我康复的一些治疗措施都列举了出来。我甚至觉得："天哪，这本书是专门为我写的吧！"

在本书的末尾，我列举了一些参考书目。但我必须强调的是，阅读这些书不能取代治疗——可以辅助治疗，因为它们提供了重要的见解。我甚至相信，这些书可以帮助那些症状轻微的人找到正确的应对方法。

另外，我还想特别推荐英国马特·海格（Matt Haig）写的《活下去的理由》（*Reasons to Stay Alive*）。这本书写得实在太棒了。有空的话，即使你没有抑郁症，也可以读一读。本书讲述了一个曾企图自杀但最终克服精神上的极度痛苦，从绝望中活下来的年轻人的故事。这是一本鼓舞人心的书，甚至可以拯救生命。

参加自助团体也不错。你可以在网上找到很多这样的团体，但这也不能代替治疗。不过，只要运气好，你就能找到同病相怜的人，这本身就能减轻痛苦，因为你会感觉自己真正被关心和接纳了。这当然不一定适合每个人，但绝对值得一试。你很可能会遇到有治疗经验的人，他们可以给你提供有用的建议。

健身对我也有帮助。许多研究都强调了运动对精神病患者的积极影响，例如慢跑、北欧式健走、游泳等运动对改善抑郁症有好处。人虽然不可能"跑出健康"，但是，运动能够让人重新打起精神，不被痛苦击垮。运动时，我们忘却了疾病，对精神来说是莫大的放松，可以加速治愈的过程。这时，你会发现原来自己还是能够做点什么的，而不仅仅是窝在家里做个受害者。

再见了，运动懒人

问题在于，即使健康的人也很难做到积极健身，对于抑郁症或焦虑症患者来说更是障碍重重。所以，你需要有人激励你：医生、家人或者朋友。下面，我想讲讲自己是怎么做到坚持跑步的。在39岁之前，我一直懒得运动。我总是这样觉得：拜托，我上班很忙，还经常为了工作跑来跑去，再说我也不胖啊——所以，我为什么还要多运动呢？当我在家的时候，我又想休息一下，享受和妻子、孩子在一起的时光，而不是跑到某个地方去健身。此外，我也不喜欢所有类型的运动俱乐部和团体运动。这是学校体育运动给我留下的阴影，想起来全是羞耻的回忆，因为以前的我经常被推搡、被撞倒。尽管我不喜欢，也必须跃过跳箱和跳山羊，以及在双杠上折磨自己。对我来说，更衣室的味道代表着挥散不去的羞辱记忆。我从没想到过慢跑，因为我觉得自己并不擅长运动。但当我后来尝试了不同的运动以后，我才意识到其实我是有运动细胞的。比如，我羽毛球打得不错；有人说，有时候我的反应速度快得令人联想到蜘蛛侠。我在体育运动中几乎没有受到过表扬，所以这样的评价让我感到喜出望外。你可能会有些疑惑，当深陷精神泥潭的时候，我这样一个懒得运动的人怎么会想到去运动？

其实，这要归功于我的治疗师马丁。那会儿，我刚开始接受治疗，在和家人去美丽的博恩霍尔姆岛度假之前，他给我布置了一项家庭作业。我告诉他我对自己的身体非常不自信，我根本不相信我是健康的。马丁说："我们必须看看您的身体情况。请您在度假时带上运动鞋，第一天早上起床后直接去跑步，一直跑到筋疲力尽为止。然后，每天早上都坚持跑那么远的距离。等你回来后，我们再聊一聊你的感受如何。"

我并不觉得这是个好主意，但由于我真的很想康复，也非常认真地对待马丁的治疗，所以我照做了。

假期的第一个早晨，我很早就醒了，歌莎和孩子们还在睡觉。外面阳光明媚。我穿上运动鞋、运动裤和 T 恤，朝着大海的方向小跑。空气清新，鸟儿鸣叫，路上没有人——只有我和大自然。很快，早起的燥热感消失了，我沿着海滩慢跑，感觉很惬意。后来，我才发觉慢跑很累人。我的心猛烈地跳动着，呼吸声变得非常沉重，而且开始出汗。马丁说什么来着？我要一直跑到筋疲力尽为止。我已经没力气了吗？倒也不是。于是，我继续沿着海滩跑，不过这次是朝着度假屋的方向。当我跑回度假屋，坐在长凳上喘着粗气，我可以有把握地说，我真的彻底筋疲力尽了。几分钟后，我走进屋里洗了个澡。妈呀，以后每天早上都这么跑？

感觉好难啊！但我居然做到了——我自己也没想到。几天后，这段距离对我来说变得更容易了。3个星期后，在假期结束时，我以极大的热情轻松地跑了大约4千米。从那以后，我就开始坚持慢跑了。不是每天早上，而是每周至少跑3天。另外2天，我会用我超酷的水阻划船器进行锻炼。这是一种带有水箱的划船机，人通过划桨的动作转动水轮。当水围绕水箱旋转时，划船机会发出很大的"飞溅"声，如果闭上眼睛，感觉就像在湖上一样。

运动并没有使我恢复健康，但规律的运动确实对我有帮助。当一个人患有精神疾病的时候，能够做一些事情总是很好的：不论是运动、认识人、出去玩、听音乐，还是看电影。有人会说做这些也于事无补，但其实很有用——呆坐着苦思冥想才是真的无济于事，有时甚至还会起到反作用。根据我个人的经验来说，做些事情通常会让我感觉好些。哪怕只是感觉好一点点，也是来自黑暗的一个小小的礼物。它告诉我们，生活中除恐惧、沮丧或者强迫症之外，还有别的美好。

| 第 7 章 |

焦虑、抑郁、强迫和惊恐发作

前文中，我已经提过精神紊乱的破坏性力量就像恶魔。这些恶魔每天都在寻找而且也找到了许多受害者，并折磨他们。恶魔有许多不同的表现形式。事实上，很多病人都感到自己被一种陌生的力量侵袭了，这种力量剥夺了他们生活的乐趣，带走了他们的自信。下面我将简要概述一些最常见的精神疾病。但以下介绍仅为简单阐述，绝不能取代医生或心理学家的明确诊断——我只想针对许多人所面临的严重困扰给出概括性的信息。

抑郁症

抑郁症可能是最常见的精神疾病。在德国，约五分之一的人会患上抑郁症。同时，"抑郁症"一词也是与精神问题有关的最模糊、被误解最多的术语之一。每个人都有过"心情不好"的时候，也可能会情绪低落一阵子。几乎每个人都有过"忧郁的情绪"，但这并不是抑郁症。在最坏的情况下，抑郁症会使人完全丧失生活的乐趣，只剩下消极的想法，压抑自我，几乎只能感受到空虚。患者无法再为任何事情而振作起来，对任何事情或者任何人都不感兴趣，会变得孤独，患上睡眠障碍或者极度疲劳，而且食欲不振，就好像被蒙上了一层灰色的面纱，遮住了所有的思想和感情，只能在阴暗的灰色基调下看到这个世界。"抑郁症的主要症状之一是失去希望、看不到未来。隧道的尽头没有光明，因为隧道的两端都关上了，而你却被困在其中。"英国作家马特·海格这样描述抑郁症。

抑郁症患者通常也会出现身体症状，主要是出现肠胃问题、丧失性欲或持续性头痛。病人还经常产生自杀的念头。他们往往会经历家庭破裂，亲人们也苦不堪言，甚至生病。我刚才提到的马特·海格就是一位抑郁症患者，他认为抑郁症是地球上最致命的疾病之一，因为大多数自杀的人都很抑郁。

抑郁症是一种疾病，而不是一种会自行消退的情绪。抑郁症病症分为轻度、中度和重度三个阶段。在前两个阶段，患者付出很大的努力之后，仍然可以勉强拥有正常的家庭生活或者工作。在重度抑郁的情况下，患者不再适合工作，通常也无法照顾好自己。我认识一个重度抑郁症患者，他甚至无法再从床上爬起来，因为他失去了最后一丝力气。最终，还是妻子把他接走，送进了一家诊所。经过漫长的治疗之后，所幸他现在恢复得不错。不过，我们不应该让病症发展到这样的地步。在上述三个阶段中的每一个阶段，病人都应该积极地接受治疗。如果一个人情绪非常低落的时间超过两周，就应该毫不犹豫地去看医生或治疗师。抑郁症可以进行心理治疗，疗程中还经常搭配使用抗抑郁药物。

即使患者通常不这么认为，但在大多数情况下，抑郁症可以得到很好的治疗。别忘了：总有一条路可以走出内心的空虚。

职业倦怠症

对于它到底是一种可以明确描述的疾病，还是一个混合了多种心理问题的新潮术语，目前尚有争论。职业倦怠症（Burnout）经常被称为"经理病"，这个称呼本身已经说明了很多问题。通常，职业倦怠症是指在长时间的压力或巨大的负担之后出现的极度疲惫的状态。这种疲惫会在生理以及心理上表现出来，并可能产生一系列后果，如失眠、酗酒或吸毒等。痛苦的恐惧和过度劳累的感觉也可能是长期处于压力下的结果。

职业倦怠症与抑郁症之间的分界线往往很模糊。持续的疲劳、消极厌世、能力下降和内心空虚的感觉都是抑郁症的征兆，但也经常与职业倦怠症有关联。重要的还是上述症状的严重程度和发作频率。职业倦怠症没有标准的治疗方法。在任何情况下，医生都应首先排除引发症状的身体原因。如果症状持续数周，患者应该寻求专业治疗。

然而，并不是每一次疲惫，也不是每一次工作出现问题后产生的抑郁都是一种需要治疗的紊乱病症。最重要的是，患者必须审视自己的要求和期望，多休息，学会说"不"，找寻平衡和放松，并进行适量运动。如果不能靠自己做到这一切，那就需要寻求专业人士的帮助。

惊恐发作

惊恐发作是一种反复发作的、痛苦的焦虑发作病症，通常会伴随许多身体症状，如心动过速、呼吸急促、头晕、颤抖、潮热、疼痛或大量出汗。惊恐发作通常持续几分钟，但也可能持续更长的时间。患者认为惊恐发作非常吓人，他们感到自己彻底被侵袭了，无法平静下来，而且在惊恐发作消退后,他们非常担心它再次袭来。它会严重影响患者的日常生活。惊恐发作的频率因人而异,有些人每天都发作,另一些人则少些,例如每月发作1次。它随时随地都可能发作,也许是晚上躺在床上时,也许是平静地看着电视时。通常,惊恐发作也被认为与触发因素有关,例如特定的地点或情境,比如广场恐惧症患者会因为身处广场而惊恐发作,幽闭恐惧症患者会因为身处幽闭环境而惊恐发作。这时,患者需要避开某些地点或场景,如电梯、电影院、人群或者坐飞机旅行。

惊恐发作通常被认为是心脏病发作或者类似病症。但经过医院检查后,病人身体健康,所以问题是出在心理上。惊恐发作的原因往往是压力过大、过度劳累或者冲突被压抑。如果患者能够识别压力触发的原因并且用不同的方式处理它们,那么惊恐发作就可以得到很好的治疗。这不一定需要很长时间的治疗,并且,医生会建议做一些放松的练习,进行有规律的运动,保证充足的睡眠,并且基本戒酒、戒烟以及避免摄入过多的咖啡。

广泛性焦虑障碍

这种精神疾病可以说是焦虑症中的邪恶女王。如果惊恐发作是突袭,那么广泛性焦虑障碍就是一种占领。恐惧是一种外在的力量,永久地占据着一个人的大脑。患者会长期处于紧急状态,他们担心一切:他们自己、所爱的人、自己的房子、宠物、失业的可能性、食物中毒、水里的铅含量、衣服中的化学物质、家里的霉菌等。你爱的一切和每一个人都处于危险之中，到处都是看不见的力量、毒药、危险。恐惧无所不在，弥漫在所有地方。它像乌云一样飘来飘去，不分青红皂白地发生，任何人、事、情境都可能是触发因素。病人无法承受任何风险，他们总是高估危险：开车会担心严重的事故，坐飞机会担心坠毁，更别提到处都潜伏着细菌。患者长期处于紧张的状态，睡不好，辗转反侧，并且心跳加速，出汗很多，喉咙经常干燥，时时感到恶心。他们成了一部始终在播放的、自导自演的灾难电影中的主角。此外，他们经常会患上抑郁症。

广泛性焦虑障碍可以进行心理治疗或药物治疗，也可以同时进行。患者必须学会过自己的生活，而不是满怀恐惧地揣测未来。他们必须打破长期以来赖以为生的根深蒂固的思维和情感模式，并在实际行动中尝试不同的行为来突破魔咒。

社交恐惧症

社交恐惧症又称社交焦虑症。这类病人也是完美的"灾难专家"。不过，对他们来说，可怕的灾难并不是模糊笼统的，而是异常清晰的：其他人都很棒，只有我是个笨蛋。其他人都在嘲笑我、关注我、评价我，我好惭愧，无处可去，在哪儿都丢脸。社交恐惧症患者深受其害。对其他人来说很容易的事情，却令他们感到焦虑：在人前说话，在餐馆吃饭，认识一个新的人，与他人发生冲突，投诉一件商品，打电话。所有这些事对他们来说都会引发恐怖。如果面临这些情况中的任何一种，他们就会进入精神紧急状态：颤抖、脸红或者急需上厕所。因此，他们会逃避这些情况，宁愿做一名焦虑的隐士——独自一人待在家里，不愿面对与其他人有关的任何挑战。对于社交恐惧症患者来说，在公共场合与陌生人接触，就像进入老虎笼子一样令人焦虑不安。社交恐惧症可以通过行为疗法或抗焦虑药物进行治疗。

其他的特殊恐惧症

除了社交恐惧症之外，还有一系列其他焦虑症。这些焦虑症由特定的物体、情境或生物引起。患者在接触焦虑触发因素或遇到特定情况时，会感到非常恐惧、厌恶，并做出恐慌、逃避或者完全麻木的反应。比较普遍的恐惧有：人们害怕蜘蛛、狗或者老鼠，但也有人害怕死鸟、甲虫、猫或者蛇，以及无法忍受真菌、行星或血液的图像。恐高症也是一种恐惧症，在日常生活中对感染或者污染的过度恐惧也是。这类患者如果在公共汽车上碰过把手，就再也不敢吃面包了。然而，恐惧症和强迫性疾病之间的界限并不容易划分。通过行为疗法可以很好地对抗恐惧症，在这种疗法中，患者通过面对恐惧的刺激而逐渐变得不再那么敏感。也就是说，只有尝试面对恐惧，才能真正摆脱它。

厌食症

厌食症可能是最著名、被人讨论得最多的精神类饮食失调疾病。患者会尽其所能地减轻体重，以致身体知觉受到严重干扰。尽管厌食症患者无所不用其极地减肥，但他们还是觉得自己太胖了。在最坏的情况下，这种疾病可能是致命的。自我禁食的结果包括贫血、胃肠不适、低血压和心脏问题。女性，特别是年轻女孩患病的频率高于平均水平。

患者与食物的关系往往具有强迫性。这种疾病非常影响日常生活，且性命攸关。专家们一次又一次地讨论疾病的可能原因。人格发展受损、家庭问题或者大众媒体关于身材的陈词滥调，特别是时尚界的畸形审美，都可能是这种疾病的导火索，或者至少是助推器。厌食症需要及时进行治疗。

贪食症

贪食症也属于精神类饮食失调疾病。这类患者虽然也想减肥，但症状与厌食症患者有所不同。不同于厌食症患者长期、缓慢的"总是少吃"，贪食症患者经常会在发作时有难以抑制的进食冲动，暴食后又试图自我催吐，最终形成恶性循环——食物持续地进进出出折磨着患者。通常，贪食症患者没有厌食症患者那么消瘦，他们甚至经常超重。他们和食物同样有着强迫性的关系，而且经常导致抑郁或自我攻击行为。贪食症的原因可能是人格发展障碍、自我价值感缺乏或者是媒体和时尚界对身材的病态导向。同理，贪食症也需要及时地进行治疗。

肥胖症

严格地说，肥胖症并不是正式的精神疾病。我认为肥胖症是一种饮食失调。患者对食物上瘾、体重增加、遭受痛苦，但仍然无法摆脱它。这一疾病会引发心血管问题、糖尿病、关节磨损和其他严重的疾病。根据世卫组织的一项研究，超过一半的德国人超重，有滑向肥胖的危险，尤其是男性。通常，患者在童年就已经"学会"错误地进食了。食物成了奖赏或安慰，以及对所遭受的冒犯或失望的补偿——因此，食物的摄入成为一种恋物癖或一种毒品。此外，许多德国人喜欢的即食食品，因脂肪和糖含量过高进一步加剧了肥胖症。对于一些患者来说，营养咨询和心理治疗显然大有裨益。

强迫性疾病

这类患者很容易焦虑，他们强迫性地做事情来控制、减少或完全避免恐惧。很多人或多或少都有一些无伤大雅的强迫行为，这通常被称为怪癖或者迷信，比如，"把桌子上的东西对称地进行排列""不要踩到地板上的缝隙"或者"总是用同样的方式拿着咖啡杯"等。对于这些良性的小怪癖，真正深受强迫症之苦的患者会选择会心一笑——如果他们还笑得出来的话。

真正的强迫症患者深受其害，做着离奇和自我毁灭的事情，以减轻在大脑中肆虐的疯狂压力。因为担心所爱的人会出事，他们可能会每天洗澡30次。在离开家之前，他们必须检查几分钟，看看炉子是否关掉了。一走出家门，就必须转过身来，再次检查炉子是否真的关好了。而且在几分钟后，他们经常再次开车回家，进行第三次检查。即使在反复检查之后他们已经到了单位，脑海里依然会盘旋着这样一个问题："我真的把炉子关掉了吗？"强迫症患者还会避免说某些单词或数字，因为他们觉得如果说了可能会发生不好的事情。他们的想法围绕着灾难、暴力、羞耻或疾病打转儿。一天要洗手上百次，生怕染上病菌。有时候，他们会强迫性地一直洗衣服，即便手又红又痛也要继续洗。因为强迫行为只能在短期内使他们平静下来，所以，他们必须不断地重复同样的行为，才能获得更多的平静。他们对自己说："好吧，现在我的手很干净了。"于是，压力减轻了。但只要下一次碰到一个物体或者一个人，他们就会重新陷入强迫性的思想旋涡："我从外面来的时候碰过这个门把手，然后，我摸了一些可能充满病菌的东西，我应该再洗一次手。"但只洗一次根本不够啊！强迫症患者会不断地发现新的被污染或者脏污的东西——即使这种污染只发生在患者的想象中，与现实几乎没有关系。强迫性洗涤是强迫症患者最常见的病态行为之一。

强迫的本质是怀疑

我真的采取了一切措施来避免灾难吗？不，当然不是。我现在必须做一件事，这样灾难就不会发生了。我需要检查、清洗、数数，在脑海里重复一些特定的东西。从意识的角度看，患者通常知道他们所做的事情是错误的或者疯狂的。但是，强迫的驱动力更强，所以，他们做出强迫性的行为是为了避免某些特定的感受。最糟糕的是，为此，他们不得不持续增加强迫性行为的强度。在短期内，强迫性行为会让患者感到安心，但下一次压力会变得更加强大，并且必须通过新的强迫性行为来减轻压力。强迫性思想往往围绕着禁忌、暴力或性展开。例如，患者担心他们可能会因为看到厨房桌子上的一把刀而伤害所爱的人；他们认为性冲动或某些思想是不恰当的，觉得自己在亵渎神明或者是不道德的。

其实，每个人在意识层面都会偶尔浮现上述这些侵略性的或者看似不道德的想法或冲动。但我们不以为意，不会认为它们有任何意义。但在强迫症患者的脑海中，这些想法却挥之不去、有压迫感、令人无法抗拒。它们决定了患者的思维和感受，由此患者不得不做一些典型的强迫性行为来减少这种困扰。我们都听说过一些人，他们被从满载着无数纸箱的完全垃圾化的公寓里带走，因为他们根本无法做到扔掉任何东西。他们觉得其中一个盒子里可能装有什么重要的、有价值的东西，所以最好留着它。

我在这里更多地关注强迫症，是因为基于自己的痛苦经历，我非常了解强迫症。而且，与抑郁症或恐惧症等疾病不同，强迫症的严重程度并不那么广为人知。在德国，这种疾病的患者人数似乎正在增加。不幸的是，强迫症往往会发展成抑郁症、焦虑症或者成瘾行为，成瘾是因为患者不想再承受持续的压力,所以不得不麻痹自己。对治疗强迫症来说,行为疗法加上药物辅助治疗,是绝对必要的。这可以帮助病人打破某些消极的思维模式,直面负面情绪,而不是压抑它们。如今,有许多专门治疗强迫症患者的心身诊所,强迫症患者可以去这些诊所寻求帮助。

疑病症

疑病症患者经常被嘲笑和诽谤。美国电影导演伍迪·艾伦自称是个深受其害的疑病症患者。在他的许多电影中,都对自己的疑病症进行了自嘲。确实,乍一看,有些人对疾病的恐惧非常荒诞,每一次刺痛都会使其联想到生命尽头。但是,从我个人的经验来看,如果一个人真的患有疑病症,那么,他经历的必然是地狱般的痛苦。几乎所有患者的思想和感觉都围绕着疾病打转儿,这种感觉不但是痛苦的,而且具有极大的破坏性。疑病症患者要么惊慌失措地害怕生病,要么坚信自己已经病了。许多专家认为,疑病症是焦虑及恐惧混合而成的一种强迫症。患者经常去看医生,无法自拔地触摸和检查自己的身体,而且这几乎成了一种强迫性的仪式。疑病症患者犹如惊弓之鸟,始终保持着警觉的状态。他们不断地倾听自己,并将身体的每一个信号解释为一种疾病的症状。他们的想法总是充满灾难,不断地检查自己、监视和观察自己的身体机能,害怕发现任何偏差或不规律。对于排泄物,他们也要一丝不苟地持续监测,生怕里面可能有血。他们过于珍惜自己、保护自己,所以会全方位地"扫描"身边环境中所有的东西,生怕有潜在的疾病传播风险:握过手后,最好快点洗手;不在公共厕所里碰任何东西;绝不吃不健康的食物。媒体上关于医疗问题的每一篇报道都会立即被他们"个人化",并认为与自己有关。有些病人甚至疯狂地阅读各类医学资料,而另一些病人则疯狂地回避这些文献。

病人们经常会想到癌症,因为这种复杂的疾病有着诸多致病原因。但艾滋病、多发性硬化症或者其他疾病也可能是疾病的焦点。疾病越笼统,越"适合"疑病症患者,因为这样一来,他们总能找到症状对号入座。对于疑病症患者来说,健康意味着完全没有症状——最好什么都感觉不到才算健康。但通常,人总会有感觉哪儿不舒服的时候。因此,疑病症患者经常去检查,这样才能定下心来,但遗憾的是,这种平静却不会持续很长时间,怀疑很快就会回到脑中:医生检查得彻底吗?我要做别的检查吗?我是不是忘了提某个症状?我们所渴望的安全永远不会到来。很可惜,疑病症患者想要的终极安全证书并不存在。理想中,证书上应该写着:"我在此向某某先生或女士确认,他/她完全健康,永远不会患病。"

如果疑病症患者不正视自己的心理问题,就永远不得安宁。病人被困在了自己的恐惧地狱里。这种紊乱在体内游荡,今天是肠子,明天是心脏,后天只是因为一时想不起同事的名字就害怕得痴呆症。随之而来的绝望翻江倒海:提心吊胆的紧张、社交恐惧、睡眠障碍、抑郁以及酗酒或药物滥用。最后，婚姻也因此走向分崩离析。医生们翻白眼：那人又来了，带着那些疯狂的、问了无数遍的问题。但对病人来说，所谓的"疯狂"是一种剥夺他们的睡眠、生活的乐趣和幸福的疯狂的恐惧。这种疾病必须用行为疗法或适当的药物进行治疗。

患者必须学会不带恐惧地对待自己的身体，忍受身体偶尔出现的不适，并与生命的有限性和解。他们必须接受风险，并且学会以正常的频率看医生，尽可能地避免急性焦虑发作。

| 第 8 章 |

与治疗师谈话是怎样的体验？

你可能会好奇，和治疗师交谈是怎么样的？他们会说些什么？气氛怎么样？病人会有什么反应？这些问题的答案因人而异。但从我自己的经历以及与其他病人的多次交谈中，可以大致模拟出整段对话。如果是一次成功的交谈，那么可能还需要比下面的治疗对话多一些锦上添花的元素，不过，真实情况也可能比下面的对话更糟。在这种情况下，要么治疗师不合适，要么你可能还没有准备好公开地探讨自己的问题，又或者对话就是不那么完美。

下面描述的是关于我个人情况的对话，因为我最熟悉自己的问题。当然，根据病症的不同——抑郁症、社交焦虑或其他心理疾病，谈话方式也会有所不同。下面是一名焦虑症患者与行为治疗师的第一次会面，双方之前通过电话交谈过。通过这个对话，可以看出整个治疗对话是如何进行的，治疗师提出了什么问题，或者说应该提出哪些问题。

治疗师：您好，请坐。

病人：您好。

治疗师：首先需要办理手续，能把您的保险卡给我吗？

病人：当然可以。

（治疗师走到电脑前读取卡片，然后把它还给了病人。）

治疗师：好了，您跟我说说吧，您遇到了什么样的问题？

病人：我一直害怕，担心自己生病。

治疗师：为什么？您有什么症状吗？

病人：嗯，哦，我是说，没有。其实，我也不知道。

治疗师：您不太确定？

病人：嗯，我自己感觉身体好像不舒服，我……嗯，对我来说，算是有症状。

治疗师：什么样的不适呢？

病人：胃痛、心悸。身体经常出现刺痛，有时腹部也有拉伤感。

治疗师：您做过体检吗？

病人：做过。

治疗师：您最后一次去看医生是什么时候？

病人：4周前。

治疗师：医生怎么说？

病人：他说没什么毛病。

治疗师：那太好了。那您为什么来这儿？

病人：我还是害怕。

治疗师：您不相信医生的话？

病人：相信。

治疗师：但是？

病人：他可能漏掉了什么。

治疗师：您多久去看一次医生？

病人：1个月1次，有时候更频繁。

治疗师：只是找您的家庭医生看，还是也找专科医生看？

病人：也找专科医生看。

治疗师：总是同样的症状吗？

病人：有时候是的。

治疗师：所以，您又有新的不舒服了？

病人：是的。

治疗师：什么样的不适呢？

病人：头痛，而且最近我感到眩晕，或者说我的视力变差了。

治疗师：我看您戴着眼镜，也许是度数更深了，要换镜片。

病人：不，我害怕自己会有视力障碍。

治疗师：我猜，您已经去看过眼科医生了。

病人：是的。

治疗师：医生说没问题，是吧？

病人：没问题。

治疗师：但是，您的恐惧依然存在。

病人：对的，没错。

治疗师：这种恐惧对您日常生活的影响有多大？

病人：很大，因为我经常想这些问题。

治疗师：每天都想吗？

病人：是的。

治疗师：每天都想很多次吗？

病人：是的。

治疗师：您睡得好吗？

病人：不好。

治疗师：您经常醒，是吗？

病人：是的。

治疗师：您都是什么时候醒？

病人：一般是清晨，有时候半夜也会醒。

治疗师：您的工作是？

病人：我是个记者。

治疗师：工作压力大吗？

病人：有时大，有时小。

治疗师：焦虑会影响您的工作能力吗？

病人：其实一点儿也不影响。工作常常让我忘掉恐惧，我真的很喜欢工作。

治疗师：您经常请病假吗？

病人：我很少请病假——我在努力坚持下去。

治疗师：那您在家的情况如何呢？

病人：可以说，我快崩溃了。

治疗师：怎么说？

病人：我很绝望，经常哭。

治疗师：您有服用什么药物来治疗自己的焦虑吗？

病人：我偶尔会服用镇静剂。

治疗师：哪种镇静剂？药量怎么样？

病人：安定。每2周左右吃1次。在我睡不着觉的时候，我会吃1片。我害怕会对药物上瘾。

治疗师：那我们再更详细地谈谈您的恐惧吧。您到底害怕什么？

病人：我说了——害怕生病。

治疗师：什么样的病？

病人：嗯，致命的疾病。

治疗师：所以，您是出于对整个身体的担忧？

病人：可以这么说。

治疗师：您怕死吗？

病人：没那么怕，但我害怕生病，还有痛苦。

治疗师：其实每个人都怕。

病人：但不是在生活中持续地害怕。

治疗师：您说得对，不是那样的。所以，您的恐惧具体有哪些表现？

病人：什么意思？

治疗师：您有哪些想法？有什么感觉？

病人：我会心悸，血涌进我的大脑，脑袋嗡嗡作响。我还会发抖。还有就是之前说的睡不着。

治疗师：您一直在想这些事？

病人：对的，一直都在想。我好像掉进了一个不会停止的旋涡。

治疗师：您到底在想什么？您能否试着表达一下……

病人：我病了，我得马上去看医生。我要死了，我会很痛苦。我再也不会感到开心了，我要离开我的家人了，我再也撑不下去了，我该怎么办？这一切什么时候才能停止？

治疗师：有什么触发因素引起这些想法吗？

病人：有的，比如，当我感觉到自己的身体有什么问题的时候。

治疗师：能举个例子吗？

病人：我擦肥皂的时候会想："肚子那里有一个肿块，还是只是一块肌肉呢？"然后，我就再也忘不掉这个肿块了。我觉得只有医生才能消除我的恐惧。

治疗师：看医生管用吗？

病人：嗯。

治疗师：管用多久呢？

病人：有时候几个月，有时候几天。

治疗师：管用到您又发现一些新的东西让您再次害怕……

病人：对的。

治疗师：请您再举几个例子。

病人：身体的某个部位有些刺痛，我觉得那里可能有重病。

治疗师：您很早以前有过这样的想法吗？

病人：嗯。

治疗师：多年前？

病人：是的。

治疗师：某个地方有刺痛，您觉得可能是癌症。

病人：是的。

治疗师：而您现在正坐在这里，活得好好的。

病人：是的，但是……

治疗师：嗯？

病人：但是我会想，这次可能真的有问题。

治疗师：所以，您又跑去看医生了？

病人：是的。

治疗师：医生怎么说？

病人：说我的身体很健康。

治疗师：然而，这显然没什么用。

病人：嗯，可惜确实没用。

治疗师：您有伴侣吗？

病人：嗯，我结婚差不多30年了。

治疗师：您的妻子会试图让您冷静下来吗？

病人：是的。

治疗师：那么，她的抚慰管用吗？

病人：有时候有用，有时候没什么用。到最后还是得去看医生。

治疗师：但很明显，经常去看医生并不能解决您的问题。

病人：看起来好像不能解决。

治疗师：您觉得解决办法是什么？

病人：我要振作起来。

治疗师：听起来很勇敢，但无济于事。我们得了解恐惧背后的原因。您认为是什么滋生了您的恐惧？

病人：我不知道。

治疗师：是怀疑。您缺乏安全感。您不信任自己，不信任医生，不信任妻子，不信任自己的身体。您始终在怀疑。

病人：是的，没错。

治疗师：这种怀疑是非常强大的。强迫症患者的情况也是这样的："我真的把炉子关掉了吗？""我的手真的洗干净了吗？""我真的只是把垃圾扔进了垃圾箱，还是也把什么重要的东西扔进去了？"您认为，那些强迫性地问自己这些问题的人会怎么做？

病人：再检查一遍炉子是不是关掉了？

治疗师：完全正确。他们永远处于不确定之中。他们不是检查1次，而是检查10次、20次。甚至在上班的路上，他们也会再次折返回来，检查炉子是不是真的关掉了。或者，他们经常洗手直到流血，或者翻垃圾箱。

病人：这些行为听起来都很蠢。

治疗师：但他们这么做是因为无法忍受怀疑——这是一种他们认为自己无法忍受的感觉，他们急切地想让自己平静下来。所以，他们必须经常进行检查。在某种程度上，您的情况也是如此——您无法忍受的也是一种感觉。

病人：您是说我经常去看医生，就像检查炉子是不是关掉了？

治疗师：这是属于您的镇静仪式，您用它来抑制情绪，在短时间内让自己得以放松。这是您所需要的保证。在这之后的一段时间，您会感觉好些，不是吗？

病人：是的。

治疗师：直到紧张再次袭来，直到怀疑再次出现。但您的所作所为是不可持续的。

病人：对，就是这样。但是，怎么停止呢？

治疗师：通过改变您的行为来停止。我知道这很难，不可能在一夜之间发生。我们得慢慢谈谈。

病人：嗯，当然。我想好起来。

治疗师：您在脑海里建造了一条神经高速公路，您的思想，最重要的是您的感觉在上面飞驰，但最终，却总是抵达害怕这个目的地。

病人：那您认为目标应该是什么？

治疗师：生活。这才是重点。您需要学会接受。

病人：……

治疗师：我们需要更多地了解您脑海中的高速公路。我猜，您还有其他的一些做法可以让自己冷静下来？

病人：是的。

治疗师：请您描述下。

病人：我感觉到身体里有些异样，比如在大腿上，然后我会在另一条腿上摸索，直到我相信这条腿也有同样的感觉。

治疗师：那要花多长时间？

病人：唔，大概要持续半个小时吧。

治疗师：什么时候您会认为这件事可以结束了？

病人：当我认为另一条腿实际上是一样的情况，或者我认为这条腿明显有问题必须去看医生时。

治疗师：您多久会碰到一次这样的情况？

病人：有时候每天都有。

治疗师：有固定的模式吗？

病人：嗯，人吃五谷杂粮，确实会有生病的可能。我认识的亲朋好友里就有些病人。

治疗师：嗯，没错。关键是，这种患病的可能性在多大程度上影响了您的日常生活？我不得不再次强调，关键的问题在于：您想怎样生活？

病人：……

治疗师：这将是我们后面会谈的主题。我很感谢您的坦率。现在，我们来商定下周的会谈时间吧。然后，我会告诉您我的治疗方法和流程，相信您也有问题要问我。

| 第 9 章 |

如何让亲人更好地帮助我们？

除了我自己以外，我的妻子歌莎受我的病影响最大。我非常感谢她能忍受这一切，并一直陪在我身边。这并不容易，现在的我完全可以理解她有时候会厌倦，会说"我不能再听你说这些话了"。总是面对同样的故事、同样的恐惧、同样的问题、同样的灾难情景——这些会让人非常恼火，最终令人筋疲力尽。

但一开始，歌莎极富同情心，她试图帮助我，让我平静下来。当我不直接去看医生的时候，她就成了我的良药。她虽然对我有帮助，但她的帮助的作用只能维持很短的时间，然后恐惧又回来了，或者其他症状也出现了。精神错乱很有创意，它像一只猛禽般盘旋在你的灵魂之上，随时准备再次出击，并寻找新的受害者。然后，歌莎不得不再次让我平静下来。她和我一起受苦，尽了最大的努力，虽然我们当时都不知道这样同甘共苦是错误的。特别是在酗酒的情况下，这种情况更为普遍，这被称为共同成瘾：一个家庭成员通过他的帮助行为无意识地维持着病人的疾病，最终导致自己也受尽苦楚。伴侣或其他亲近的人（孩子、父母、兄弟姐妹、朋友）想要帮助对方或隐藏对方的疾病，并尽一切努力保持表面上的正常，往往会带来致命的后果：这么做，双方可能会越来越深地陷入成瘾或强迫的循环中无法自拔。

幸运的是，我们没有走到这一步，因为歌莎很快就意识到她真的帮不了我。在某个时候，她不再试图平复我的情绪，而是告诉我："我们已经讨论过几百次了，你现在必须自己直面问题。"而我的治疗师证实，这才是正确的方法：安慰可以，但进行医学讨论不合适。这对我来说很难，我们并不是总能做到。但我确实学会了忍受和处理自己的问题，而不是让歌莎或者好朋友来帮我平复情绪。我知道：摆脱恐惧的道路最终只能通过直面恐惧到达。

当然，有时候，当我觉得身体某处有什么不适而忧心忡忡的时候，如果这时候有人说"我知道你说的这种情况，我也是这样，不要紧的"，就等于帮了我的大忙。但每个人都明白，这种关于疾病的讨论对我来说并不是解决问题的长久之计。所以，即使在我心绪不宁的时候，他们也不再为我提供这种"镇静剂"。

我的家庭医生也是这么做的。他对我进行了他认为在医学上是必要的治疗，为我解释了其中的原理，然后让我接受这些话，不再胡思乱想。因为事实上，持续的镇静反而巩固了我的疾病——恐惧在不断积聚。通过和别人说话，对方让我得以平静下来，我感觉放松了。但是下一次，恐惧还会积聚，我需要再次平静下来。这成了一个不断加速的恶性循环，导致我无法用其他方式平静下来，也因此忘记了如何面对自己的恐惧。幸好，后来我在治疗中学会了其他方法。

但时至今日，我还是如履薄冰，还是会在让自己冷静下来的愿望和与恐惧的斗争之间摇摆不定，因为恐惧总是一次又一次地浮现在我的脑海中。

| 第 10 章 |

有自杀念头应该怎么办？

有时候，人们在情绪激动的特殊情况下会选择自杀；有时候，则是在心里酝酿了很久才做出自杀的决定。我们必须认真地对待这个问题。我不想在这里高谈阔论，只想结合自己的经验提一个建议：如果你觉得自己死了更好，行动起来才能自救！当你想到自杀的时候，当这个想法越来越频繁地出现在脑海的时候，当你再也看不到生命的意义只希望压力、痛苦、恐惧消失的时候，你可以拨打所在地区的心理危机干预热线，或者向你的治疗师求助。

　　生命是一份礼物。永远不要忘记，这个世界上有人爱着你，有人需要你。

| 第 11 章 |

如何正确地对待精神类药物？

首先，我不是医生。我不能也不会就药物提出任何医学评估、警告或建议。但我能做和会做的，是描述我自己使用不同药物的经历，因为我吃过药。

当我第一次感到非常不舒服、夜夜无眠的时候，我的医生和治疗师马丁给我开了一种镇静剂溴西泮。这是一种苯二氮卓类药物，也被称为镇静剂。它的作用是抗焦虑、镇静和促进睡眠。它的效果确实很好，但很快就会让人上瘾。所以，不能连续几周每天都服用，只有在我难受得不行的紧急情况下，为了睡一晚安稳觉或者保持工作能力，我才会吃这种药。我的医生知道，我太害怕上瘾了，所以我总是非常谨慎、有意识地服用药物。药片由一小板组成，里面有四小份。在大多数情况下，服用四分之一的量是不够的，服用整板的一半效果显著。在恐惧十分严重的情况下，我偶尔会吃三小份，效果立竿见影，让我感觉很好。我从没吞下过一整板，也从来没有连续几天一直服用。

溴西泮和类似的镇静剂可以帮助我们重新稳定自己，减轻急性焦虑。不断地服用这样的东西会让我们过度嗜睡，忘掉烦恼，所以这是绝对不可取的做法。如果病人要求迅速补充这类药物，如果医生确实在认真地对待工作，就会拒绝开药。而且，服用这样的药物解决不了任何实际问题。药效一旦消失，症状就会原封不动地回来，甚至变本加厉。对我来说，这种药只能在紧急情况下使用。很多时候，知道自己有这种药并且可以在紧急情况下使用它，让我感到很安心。直到现在，我还把它作为急救药放在橱柜里。

在接受马丁治疗期间,他曾建议我尝试服用抗抑郁药。我不记得是哪种抗抑郁药了,但是一种非常常见的药物。马丁告诉我,我必须有耐心,可能需要服用几周的时间才能见效。我吃了药,很快就感到不舒服:脑子里不停地嗡嗡作响,总是感到不安。一周后,我告诉马丁我想停药,然后我也这么做了。持续的自我观察和倾听是我疾病的一部分,因此,也许我应该有更多的耐心。这是我几年来第一次接触抗抑郁药,但效果不佳。

亲爱的读者们,你们现在该如何消化我的这个小故事呢?如果你也想试试抗抑郁药,那么,请听我给你们讲第二个小故事。

我的一位老朋友弗兰茨成功、风趣、聪明,可惜患有抑郁症。他并非一直抑郁,但总是有间歇性抑郁。几乎没有人知道他的这一面,但我知道他是我们中的一员。对他来说,抑郁表现为一种反复出现在内心的争吵和沉思、一种痛苦的不满和无法体验到快乐的感受。无论是他的家人、朋友,还是他成功的职业,都不能让他真正持久地感到幸福。于是,他接受了行为疗法和谈话疗法的治疗。情况有所好转,但仍然算不上很好,抑郁的状况仍然时常出现。他和治疗师一起讨论后,决定开始服用抗抑郁药。弗兰茨说,药效非常好。他清楚地注意到,有一次他因一篇文章受到许多赞美。通常,他认为这些赞美是无关紧要的,而且没什么感觉。但是那一次,他却由衷地为自己获得的赞美感到高兴,甚至为自己感到骄傲，而不是和之前一样将一切看得很淡。他自己也很惊讶。"天啊，"他想，"我是可以体验到快乐的。"弗兰茨认为自己发生这种变化要感谢抗抑郁药。对于吃药，他总是很抗拒，但药物却为他打开了一扇门。

我反复提到，每个案例都是不同的——每个人都有自己的病。弗兰茨显然得到了正确的治疗，但也许其他人服用精神类药物并没有很好的疗效。所以，你也必须找到适合自己的药物，并且服用合适的剂量。

一开始，我对药品的态度不是很开放。直到几年后发生第二次严重焦虑的危机时，我才在全科医生和治疗师的建议下服用了几个月的抗焦虑药。我这么做是因为我不知道该怎么做了。这种药叫奥匹哌醇，应用很广泛。我每天晚上吃1片，很快就感到轻松多了。恐惧虽然没有消失，但已经减弱了，最重要的是，我可以睡得更好了。大约3个月后，我觉得有必要停药，于是停药了，但不是突然停药的——循序渐进地、慢慢地停药是很重要的。我开始每隔一天服用1次，然后每隔3天服用1次，最后完全停药。由于我在治疗方面也取得了很好的进展，所以，这次停药没有任何问题。

因此，我服用抗抑郁药、抗焦虑药和镇静剂的经历有好有坏。有时候吃药有助于我恢复，有时候没什么效果。有时候我太不耐烦了，心态也不够开放，而有时候我又太害怕了。但我从来没觉得吃药棒极了，可是这也主要出于我个人的原因——恐惧情绪的驱动，不得不吃药这件事本身就让我心里很不舒服。

总的来说，我认为：生病的人需要帮助，而药物可以提供这样的帮助。但有一件事是肯定的：单靠药物永远不是彻底的解决办法。在服药的同时，必须同时进行其他治疗。通常，结合多种不同的方法进行治疗，最终才能帮助我们找到一条走出内心地狱的路。

| 第 12 章 |

痛苦到底从何而来？

当我还是个孩子的时候，我总是认为精神病患者会像希区柯克电影中的人物那样康复。外面电闪雷鸣，一个金发的女人哭着、扭动着，有人喊道："你必须面对过去，埃尔维拉！"然后，这个女人战胜了自己，开始勇敢地面对所有的事情或者任何人，并意识到了自己恐惧和沮丧的原因：当她还是个孩子的时候，她目睹了一起谋杀案，由此产生了心理阴影，然后一直压抑在心中。当她听说罪犯被逮捕后，她在一个男人的怀里如释重负地放声大哭，并且获得了痊愈。

如果在现实中一切也能这样简单就好了——作为外行，在面对心理治疗的时候，人们经常这么想。按照电影中的剧情应该是："我现在要去找心理治疗师看病了。我们会一起剖析我的童年，找到症结所在，然后一切都会好起来的。"

然而，在实际的心理治疗过程中很少会这样。处理一个人的生活与痛苦的过往，是一个漫长、艰难的过程。每个治疗师都会准备好纸巾，这是有原因的。治疗中有很多人会哭泣——其实哭出来也很好。然而，康复很少在一夜之间发生，而通常是逐步地、非常缓慢地发生，因为在这个过程中需要处理幼儿时的经历，处理与母亲、父亲、兄弟姐妹的关系，处理与自己的身体以及许多其他事情的关系。你真的很想知道为什么成年后会有这么多问题，并且希望得到解释。有时候存在解释，有时候一切都显得模棱两可，有时候似乎没有答案。然后，问题仍然存在，关键在于，这些可能的发现是否真的对你有所帮助。探求真相是一回事，把这些了解转化为可以使自己朝着积极的方向发展的力量，才是真正的任务。别误会，我不想说任何反对心理治疗的话，我也没有资格这么说。在前文中，我已经多次提及，对过往生活的剖析也给了我很多帮助，而且给我带来了重要的认识。我现在知道了：我从过度谨慎、总是要避免任何风险的父母那儿习得了恐惧。当我还是个婴儿的时候，就因为一次手术和母亲分开了，所以我可能失去了对母亲的信任。我和自己身体的关系也不好——我把它看作敌人。我知道了这一切，但这些发现并没有帮助我获得康复。著名的行为治疗师和教练延斯·科尔森（Jens Corssen）甚至告诫大家不要过多地关注自己的过去。他说："一个人有没有被爱过也许并不那么重要。也许情况真的很糟糕，但我认为，谈论过去是没有意义的——除非是创伤性的事件。"总是抱怨过去，只会固化消极的、有问题的思维，从长远来看对我们并没有多少好处。

并不是所有的行为治疗师都这么直言不讳。许多治疗师希望能够识别病人后天习得的行为模式，然后和病人一起努力做出改变。尽管如此，科尔森的话还是让我思绪万千：我是不是花了太多时间在那些错误的、有缺陷的和令人遗憾的事情上？我的想法是不是错了，所以总是围绕着同样的话题打转？事实上，只有行为疗法、住院治疗以及对"生命是有限的，风险是无法预防的"接纳，使得我的病情有所缓解和治愈。但也许，通过回顾人生激发出的洞察力也对我有所帮助，让我变得更好。也许在某种程度上，一切都以积极的方式交织在一起影响着我。但是，直到今天，我仍然不知道是什么原因导致了我患上精神疾病，使我成为一个抑郁症和焦虑症患者，而我的兄弟姐妹都没有患上这种疾病——但现在我已经不在乎原因了。关于精神疾病的起源有很多理论，就像精神痛苦的不同表现一样繁多：遗传因素、脑功能紊乱、器质性疾病、童年创伤、压力反应、荷尔蒙变化、悲伤过度、过度劳累、伴侣关系问题等，甚至可以无限扩展下去。当然，在治疗之前和治疗期间，必须先排除生理上的原因。因此，家庭医生也需要和治疗师一同参与治疗，每次住院前都要对病人进行身体检查。如果没有发现任何异常，就应该向前看，并且问自己：我能做些什么让自己好起来？我不反对回顾过去，有时候这是不可缺少的步骤。但是，得病的原因不是最重要的，更不是全部。更重要的是，现在怎么样？我能做些什么？因为希望一直都在。即使童年过得不顺利，也不代表你必须永远做一个受害者。

我该怎么做才能让疼痛停止？

发展心理学家莉泽洛特·阿纳特（Liselotte Ahnert）曾在《明镜周刊》（*Der Spiegel*）的一次采访中说："人是一种非常具有可塑性的生物，并且能够做出巨大的改变。在心理学领域，我们看到的持久伤害几乎只发生在那些在孤儿院里长大的儿童身上。这些儿童在极端的情感贫困中长大，或者在混乱的家庭中受到虐待。所有其他环境的影响都是可以改变的。"然而，在回答《明镜周刊》的提问时，她解释说，除了前面提到的严重困难之外,那些小时候一直不受欢迎的人也有着巨大的不安全感和自卑感,很难治愈。

我有一个朋友,他在童年时就遭受过拒绝——作为一个计划外出生的孩子,好像来到世上是他的错,因此,他成了一个不被爱的人。问题再次摆在面前:那么,我们能做些什么来停止痛苦呢?我想永远做个受害者吗?我要如何面对这个世界?世界上还有什么美好的事物吗?我要一直后悔下去,还是改变自己?虽然说起来容易,做起来很难,但这是走出地狱的唯一方法。

有一次,我和天主教修女兼作家梅兰妮·沃尔弗(Melanie Wolfer)进行了非常深入的交谈。她还担任牧师,举办研讨会,并且提出了不少非常好的生活建议。她在著作《宽恕的力量》(*Die Kraft des Vergebens*)中描述了自己参加一门课程的经历,她从中得到了启发并且应用在了自己的研讨会中。因为这个故事让我很感动,所以我在这里引用一下。

我参加的这门课程叫"耿耿于怀的人,才是背负重担的人"。现在,我体会到这个标题是多么贴切。在一次团体练习中,我扮演一个被冒犯的人;理查德扮演伤害我的人;剩下的其他人则在旁边围观。首先,我被要求把理查德想象成一个令我生气的人。我立刻想到了萨宾娜和她那些离谱的行为。接下来,我要从一堆石头中挑选一块象征着我的怨恨的石头。我捡起了一块沉重的、锋利的碎石。接着,我要把"背负"这个词演出来：为了报复冒犯我的人，我背着石头紧紧地跟在理查德身后。一开始很有趣，但很快石头的重量就变得越发明显了。当理查德无忧无虑地走路时，我手里的石头越来越沉，锋利的边缘划破了我的手指。当理查德开始和其他人聊天时，我很想把石头扔到他的脚上。萨宾娜浮现在我的脑海中，我突然意识到：不是萨宾娜让我这么难过，而是我对她所做的不恰当行为的耿耿于怀让我自己背负着重担。我一直不愿意放下愤怒和责备她的想法，这给我带来了很多沉重的负担，让我失去了很多力量——其实这一切早已和萨宾娜无关！就像那些不能或者不愿意原谅别人的人，对于别人所做的事情怀恨在心，并且不断地重温痛苦的过去。如果有人深深地伤害了我们，我们往往会陷入循环的陷阱，这会一次又一次地把我们带回伤害的起点。我们一次又一次地在脑海中重温当时发生的事情，责备对方，或者试图问这样的问题："你为什么这样对我？"内心的狂风暴雨总是无法停歇——在早上醒来的时候，在散步时，在洗澡时，在试图入睡时，甚至在梦中。在这样无尽循环的死路中，我们看不到任何希望。

在那次研讨会上，梅兰妮·沃尔弗告诉我的这个故事给我留下了深刻的印象。参与者们意识到，他们在很大程度上困在了自己的思维模式和情感模式中。"怨恨"的真正含义于此不言而喻。我们挣扎着把负担拖到一个只有自己能看见的地方，因为对方已经向前看、继续往前走了。

沃尔弗说，这次练习让她和其他人恍然大悟。有些人泪流满面，因为他们突然意识到自己一直以来因为没有宽恕或接受已经发生的事情，或者说让往事"一笔勾销"，而"背负"着无法承受的重担。

这并不是说要容忍一切或者打不还手，因为在很多情况下，宽恕可能根本无济于事。但是，角色扮演练习的意义在于，提醒我们应该时刻注意自己给自己带来了多大的压力，比如报复、对泄愤的渴望等。因此，问题始终是过去在此时此地对你有什么影响，以及你愿意在多大程度上给予它力量。梅兰妮·沃尔弗精彩地总结道："原谅意味着：我不再希望过去变得更美好。"

我的结论是：我不知道是什么原因让我生病了，直到今天我还处于再次脱轨的危险中。我也不再过问了，这对我没有任何好处。现在，我只好好地想活下去。对于过去，我无能为力，我只能以不同的方式处理这件事。

| 第 13 章 |

我是如何放松的？

"你得沉下心来。""让心灵休憩一下。""放松自己。""去试试按摩吧。""练练瑜伽。"……

受到心理问题的困扰,并向他人倾诉自己内心不安的人经常能得到善意的建议,而且,善良的"顾问们"给出的建议都很有道理。可惜旁人很难体会,对于对精神病患者来说,找到内心渴望的平静有多么困难。当然,每个人都有感到无所适从、无以为继的时候,比如当工作或者生活将你淹没时,当压力很大、你渴望在阳光下度过一个惬意的假期或者至少是一个舒服的周末时,我们都知道那是什么感觉。这么做——"给自己充电",然后再次出发——对于一个处于高压下的人有很大的好处。

不幸的是,对我们这些精神不稳定的人来说,恢复元气更加困难。即使身处阳光明媚的海滩上,我们的内心依然深受飓风的折磨,情绪糟糕极了。尤其是有时候明明阳光灿烂,所有人都心情舒畅地坐在户外,而你却被困在自己混乱的冰天雪地之中不得解脱。我们多么希望自己不必再心怀恐惧,再也不会发生心悸,我们也可以畅快地坐着,享受岁月静好。

没错,获得内心的平静是我们伟大而遥远的目标。为了实现这个目标,治疗师们会推荐各种不同的放松技巧。这也是每个心理诊所的基本治疗项目,起着重要的辅助治疗作用。即使病人情况不错,诊所也会推荐这些放松技巧。但是,所有的理论都是抽象的,听起来很简单的东西在实践中往往难于上青天。放松是一项艰苦的工作。听起来好像自相矛盾，但事实确实如此——当我们说一个人应该放松的时候，往往意味着他抓得太紧了。

在内心的漫长斗争中，我几乎试过了所有常见的放松技巧和许多甚至称得上无比奇怪的平静内心的方法，这些方法取得了不同程度的成功。

渐进式肌肉放松训练

当我在心身诊所看到我的日程表上写着这种疗法时，心里暗暗想到，这听上去不是很有意思啊。接着，我去参加第一次课程，和另外10个心烦意乱的人坐在房间里等待老师的到来。老师走进来，向我们打招呼，介绍自己叫丽塔，并解释说，我们现在学习的是一种经过验证的、在全世界范围内广泛应用的放松技巧，是埃德蒙·雅各布森（Edmund Jacobson）教授在20世纪30年代为像我们这样歇斯底里的人提出的。（当然，她的原话里并没有"歇斯底里"这个词！）雅各布森是一名医生和心理学家，他注意到自己的病人在焦虑、恐惧和激动时肌肉张力会显著提高，而当病人的肌肉张力降低时，焦虑和激动也会相应减少。尽管听起来很奇怪，但这意味着可以通过收紧身体部位来实现放松，即通过紧张来放松。如果我们一个肌肉群接着一个肌肉群地进行收紧练习，整个身体就可以明显地得到放松。血压、脉搏和肠道也可以借此改善。整体来说，人会变得更加平静，呼吸也不那么紧张了。

在这个发现的基础上，雅各布森提出了一种显著有效的积极的放松方法——渐进式肌肉放松。这就是我们在课堂上学到的放松方法。

"听起来倒是不错。"我想。但是，看着坐在椅子上的麻木的病人们，我感觉房间里的整个气氛并没有一点儿激励作用。但我想用开放的心态对待一切，所以我打起了十二分的精神。"丽塔说什么，我就做什么"是我的座右铭。

首先，她让我们把所有的椅子都靠墙放，然后让大家从一堆垫子中取下来一张铺到房间的各个地方，铺好后躺在垫子上。

我们躺在垫子上，等待着期待已久的放松。丽塔拉上窗帘，打开一盏小灯。现在的氛围让我感觉好多了。我再也看不到边上的人了，尤其是那个不讨人喜欢的家伙。

"我们会从手臂和腿开始练习，"丽塔说，"然后一个接一个地到头、脖子、肩膀、背部、腹部和腿，直到完全放松。让我们开始吧。"

接着，丽塔叫我们闭上眼睛，把右手握成拳头，用力按压大约10秒钟，然后放松地放平在垫子上，感受接下来会发生什么。我照她说的做了，事实上，把拳头握紧之后，我感到手里出现了一种愉快而放松的刺痛感。我们一个接一个地练习全身的所有部位，收紧，然后放松。比如，绷紧整张脸，张大嘴巴和眼睛，然后咬紧牙关，再放松——这些动作看上去一定很蠢，但丽塔把光线调得很昏暗，所以大家感到私密而安心。

我确实很放松，整个身体似乎在飘浮，一种愉快的刺痛感穿过我的全身。感觉太棒了！房间里弥漫着一种完全放松的气氛，我边上的人甚至睡着了，不时地发出短暂的、火山喷发似的打鼾声。

整个过程持续了大约半小时。

丽塔让我们睁开眼睛，伸展身体，然后慢慢地站起来。我不得不叫醒我边上打呼噜的这位邻居。我们又将椅子围成一圈，每个人都分享了第一次参加放松课程的感受，几乎所有人都认为这种放松技巧有一定的效果。最后，丽塔给了每个人一张附有说明的纸条，并要求我们在自己的房间里独立练习。

在诊所住院时间，我全程参加了这个课程。在45分钟的课程时间里，我很享受。但在我自己单独练习时，从来没有达到这么好的效果。我需要丽塔的声音以及她对我的身体进行引导。我的结论是，我喜欢渐进式肌肉放松训练，其效果立竿见影，但在没有指导的情况下，我一个人很难做到。但这绝不是反对这种方法的理由，这可能只是因为我是一个容易紧张和焦虑的人，或许过去是，现在也还是。我还需要试试别的方法，雅各布森教授的办法对我来说不太够。

自体训练

自体训练（Autogenic Training）是一位名叫海因里希·舒尔茨（Heinrich Schultz）的神经科医生在20世纪初提出的，这种放松技术的动态性不如渐进式肌肉放松训练。在这种放松技术中，我们不是先紧张然后放松，而是用思想的力量进行"训练"。这两种方法的共同点是，人在整个身体中"巡视"。

整体而言，这是一种温和的自我催眠，也可以称为自我暗示——我们给自己下达一些关于身体某些部位的命令。

我是在一堂成人教育课程中了解到自体训练的。我说"了解"，而不是"学会"，是因为我从来没有真正地成功实践过这种放松方法。但我认为，问题主要出在我自己身上，因为这种方法已经经过验证，应用十分广泛。而且，在课堂和家里的几次练习中，我的体验也非常不错。

一开始，我们需要采取一个舒适的姿势，许多人（包括舒尔茨）都建议采用坐姿，但你也可以躺着。头部应略微向前弯曲，双手放松地放在大腿上。我们的目标是通过自我催眠逐渐放松身体。我们先从不断地重复这句话开始："我完全地平静而放松。"接着，一个接一个地感受身体的各个部位，从所谓的"沉重感练习"开始：在脑海中大声地重复五六次"我的左臂很重、很重"，然后逐渐地把希望出现沉重感的部位扩展到身体两侧的手臂和腿上，每一次都应该用"我完全地平静而放松"这句话来结束该部位的练习。全部练习完成后重复整个过程，但这次使用"温暖感练习"：先从"我的左臂很暖和、很暖和"开始，然后扩展到全身的各个部位。如果你能把注意力集中在身体和思想的力量上，效果会非常惊人。对我来说，在课程中，当一切进展顺利时，确实能获得一种深层次的放松。在沉重感和温暖感的练习过后,我们继续自我暗示,进一步影响呼吸和心跳、所谓的太阳神经丛和头部。除此之外,还有其他练习。我们可以通过这些练习给自己灌输公式化的决心(例如,"我睡得很安静、很深、很沉")。此外,还有针对人格发展的高阶练习。由于我从未到达后面的高级阶段,所以,在这里我也无法阐述更多了。对我而言,在基础的练习中获得持久的放松已经很不容易了。

想要结果,必须练习,而且最好是每天都练习。自体训练需要坚持一段时间才能产生真正的效果。相关脑科学的研究表明,一个人可以通过自我暗示积极地改变自己大脑的思维方式。

不幸的是,我从来没有耐心进行持续的自我催眠。对我来说,整个过程过于复杂和费力了。我经常被各种指令搞得晕头转向。独自在家时,我常常喜欢窝在椅子里睡觉。但是,正如我所说,我是否能做到绝对不是衡量这个方法好不好的标准。只要比我多一点耐心,你就可以买一张CD在家里尝试自体训练。

CD 等帮助静心的工具

如果你去一家大书店,或者在网上搜索,你会发现各种各样的辅助放松的CD。无论是睡眠障碍、焦虑还是抑郁,网上都有CD和播客可供下载。然而,在我看来,通过听CD来治疗焦虑和抑郁是有上限的——如果你病得很重,CD就无能为力了。这时,渐进式肌肉放松训练或者自体训练更有用。而且，在使用这两种方法时，CD的作用变得更重要了：有了CD，你就像在课程中一样得到了指引。

　　由于需求千差万别，我很难给出好的建议，毕竟我自己的经历也有两面性。我从网上下载了一段看上去很不错的助眠语音，然后把它刻录在CD上，以便在我床头的CD播放机上听。伴随着沉思的音乐，一个温柔的声音慢慢地引导我入睡。但是当我终于睡着，在声音和音乐完全消失之后，在CD的结尾，一个男声用响亮的嗓音——"再见"吵醒了我。我不知道什么人会这么愚蠢，居然在助眠语音的结尾放上这么一个声音。还有一张CD也让我很恼火，里面有一个警示的声音告诉听众，睡不好觉是多么有害。对焦虑症患者来说，这简直有毒——我们无法入睡，往往就是因为害怕自己无法入睡。因此，在你决定使用某个静心CD之前，最好先听一遍（特别是助眠的CD，一定要听结尾），看看你是否喜欢其嗓音、音乐和整体的氛围。有些人认为某个嗓音很棒，有些人可能觉得糟糕透顶；有些人只想听女声念引导词，有些人认为男声更好；有些人对背景音乐所使用的冥想歌曲感到振奋，而另一些人则感到自己像是受到僧侣的威胁。因此，我不会在这里给出具体的建议。但基本上来说，这些辅助语音中的一些对我有很大的帮助，所以大家只需要找到适合自己的就好。

冥想

冥想很容易，也很难，但值得一试。它对我有帮助。但不论是过去还是现在，我仍然有很长的路要走。在我尝试过的所有放松技巧都没有像外界所说的那样让我感到"震撼"之后，我继续寻找正确的方法来放松自己。我还没试过什么呢？哦，没错，是冥想。治疗师、朋友、同事，每个人都对它赞不绝口。"好吧，那我就试试吧。"我心想，于是买了一些关于冥想的书。我觉得，关于冥想的一切听起来都很好，也没那么难，最重要的是所谓的静默冥想：只是坐着，呼吸，什么都不想。听上去很酷，但这会让我感觉好些吗？为什么以前没人告诉过我这种方法？

于是，我在家里按照书中的相关指示进行练习。我坐下来呼吸，一次又一次，就这么简单。静默冥想的本质是什么也不做，什么也不想，什么也不评价，只是"存在"和呼吸。把自己从所有忙碌的日常中抽离出来，在内心的沉思中找到宁静和放松。理论到此为止。在实践中，我一开始也是这样做的。欢迎来到冥想新手的头脑世界。

吸气，暂停，呼气。我什么都没想。

嗯，当我在想我什么都不该想的时候，我真的什么都没想吗？

不管怎么说，我现在什么都不想了。

呼吸就行了。

吸气，呼气；吸气，呼气。

嗯……感觉有点酷啊。哦，我不该做任何评价。我真蠢。

我觉得吧，我的评价太草率了。好吧，不管了……

吸气，呼气；吸气，呼气。

啊，我的心静一点了！

哦，我应该什么都不想。

怎么回事？

哦，我的胃在叫，听起来像一只饥饿的小狗。

现在不该是饿的时候。

现在静下心来：摆脱自我，你这头猪。

我为什么要骂自己？

好吧，没关系，继续呼吸。

吸气，呼气；吸气，呼气。

嗯……什么都没发生……

嗯，对啊，也不应该发生任何事。

吸气，呼气；吸气，呼气。

好痒啊。冥想者在突然感觉痒的情况下，该怎么做啊？崇高的上师有什么明智的建议吗？

凯斯特，你想得太多了。

吸气，呼气；吸气，呼气。

哇，我的背疼，还有膝盖也疼。坐在这里太僵硬了。

我不喜欢盘腿。

哦，别胡思乱想了。我要成为一个苦行僧。

吸气，呼气；吸气，呼气。

呵呵，我累了。

我只要忽略外界就行。

吸气，呼气；吸气……

（逐渐入睡……）

你看，这并不容易。但我坚持了一段时间，每天都在继续，而且增加了练习时长。一开始是 10 分钟，然后是 15 分钟，接着是 20 分钟。尽管困难重重，我还是觉得坐着呼吸对我有好处。我学到的第一个教训是告别对"效果"的执念，不要计较效果。冥想不是为了获得某种成就，重要的是让自己以现在所存在的方式处于当下所处的位置。

具有讽刺意味的是，正是这种对现状的接受、这种不做评价的坚持，从长远来看产生了积极的变化。听起来很奇怪，但很管用。与冥想相关的最重要的术语是"正念"。你可能听过这个词，所以也许会翻着白眼吐槽这个"时髦的新词汇"。我能理解这种不屑，但你还是得继续了解一下。

首先，正念是一种特殊的注意力形式、一种清晰的意识状态。在这种状态下，我们允许内在和外在在当下无偏见地发生。因此，在理想的情况下，我们只是让一切存在，而不进行评价，从而逐渐改变我们对周围环境根深蒂固的、往往是无意识的反应。最重要的是，我们应该学会有意识地重新感知周围的环境，而不仅仅是庸庸碌碌地得过且过。我们都明白那种忙碌——匆忙约会、吃快餐、生儿育女，疲于应对接踵而至的各种任务。我们总是在为将来不断打算，却很少活在此时此地。正念和冥想可以帮助我们回到当下。佛教僧侣兼畅销书作家阿姜布拉姆（Ajahn Brahm）说过："意识和当下，便是初心。""不要对事物进行命名。当你给某件事物起名字时，你不是在感知它本身，而是在感知它的名字。"听起来是不是有点疯狂？那该怎么做？我看到一朵花，却不应该想"花"。没错，这正是玄妙之处。纯粹地感知，而不是立即分类、贴上标签，并因此忽略很多事物。

根据这些理论进行尝试，让我受益匪浅。有意识地吃东西，而不是简单地吞下食物。坐在花园里，看看周围发生了什么。这听起来可能很蠢，但却能体验到一种很棒的感觉，比如观察大黄蜂停在一片树叶上，感知阳光洒在你的脖子上。

好了，理论已经大致说完，下面让我们一起冥想吧。你现在正在哪里读着本书？坐在家里的椅子上？在火车上？在床上？随便啦。我们先确定一下，你现在正在读这段话，就在此时此刻。让我们一起停下来片刻，有意识地感知这一刻。不，我没疯，我只是想和你谈谈冥想的一个关键点。

现在请闭上你的眼睛。哦，不，这样你就不能继续读下去了。所以，请在读完这段话之后闭上你的眼睛。如果可能的话，请笔直地坐起来，用鼻子深深地吸气、缓缓地呼气至少 10 次。请注意腹部的上升和下降，而不是胸部的上升和下降。正确地做这个动作，再做 10 次吸气和呼气。把注意力完全集中在呼吸上，尤其是呼吸之间的短暂停顿上——这是极度平静的魔法时刻。请闭上眼睛吧！

感觉怎么样？是不是很棒？这正是开始静默冥想的方式。2000 多年来，无数人都是这样做的，但一般只有真正喜欢的人才会学习冥想。冥想并不是佛教的专利，所以不要担心：在不了解佛教思想的情况下，你也可以学习冥想。这就要感谢美国分子生物学家和医学教授乔·卡巴金（Jon Kabat-Zinn）了。在 20 世纪 70 年代末，他是第一个在诊所中引导慢性病患者和压力患者进行冥想的人之一，并且取得了巨大的成功。冥想可以缓解睡眠障碍和倦怠，也可以为抑郁症患者提供有效的帮助。这其中的机制目前还不清楚，但无数的研究表明，冥想作为一种可以不断重复的活动，可以积极地改变大脑的思维方式。《布丽吉特》杂志的同事们在心理学特刊《没有压力的生活》（*Mein Leben ohne Stress*）中引用了慕尼黑大学的一项研究：如果有规律地进行冥想，可以降低血压，放松肌肉，舒缓心脏和呼吸，并减少压力荷尔蒙的产生。而且，冥想被公认为对免疫系统有好处，可以改善睡眠。所以，我很想了解关于冥想的更多知识。

阅读乔·卡巴金的书给了我很大的帮助。我的问题是，我经常把身体的变化视为灾难性的疾病。我的内心不够冷静，对事物几乎只剩下悲观消极的看法。"为了重拾中立的立场，坦然地面对自我，"卡巴金写道，"首先我们必须认识到，我们几乎总在忙着评价内心世界和外在世界的经历并且急于对此做出反应，而实际上，我们必须学会离远一些来看待自己的判断和反应。"根据卡巴金的说法，我们对一切事物进行评价和分类的习惯将我们限制在"无意识的、刻板印象的反应模式中，而这种反应模式缺乏客观性"。他说得太对了，我完全可以对号入座，因为这就是我的真实写照，比如，我感觉到身体里有什么东西，脑袋就会立即做出反应——你病了。而根据卡巴金的说法，冥想有助于打破这种模式。

如今，卡巴金为期8周的正念减压疗法课程在世界各地的心理诊所中被广泛使用，可以有效地帮助人们应对压力、疾病和恐惧。正念减压的意思就是通过练习正念来减轻压力。无论你在哪里学习冥想课程，只要你的导师已经通过了正念减压疗法的培训，你就可以相信他是懂行的。他们知道如何进行冥想，所以不用唱诵经文，你同样能够学会冥想，保持专注。

然而，现在我写的这些文字好像比实际情况更明智、更深思熟虑。在现实中，即使我每天都想保持专注，但也并非总能成功。总有什么东西分散我的注意力，或者说我无法活在此时此刻，而时常在担忧未来。思想的旋转木马画地为牢，不安的头脑是正念冥想的最大的敌人。如果你真正地进入冥想,就能学会让头脑逐渐平静下来,但挑战也随之而来:冥想只有在每天有规律地进行的情况下才有效。而这正是我的问题所在——我没有坚持下去。有时候,我坚持冥想了几天,有时候我又不冥想了。有时候,我会去上冥想课,但并不常去。有时候,我只是在视频网站上找一段冥想视频,然后坐在电脑前冥想。有的视频还不错,不幸的是,质量不佳的视频太多了。有些视频很诡异,就像一个疯狂的神秘人想利用刻意放缓的语言催眠你,然后把你洗劫一空。相反,好的视频做得十分合理,看的人很容易放松。

现在,也有一些关于冥想的应用程序。但归根结底,冥想最核心的是在完全的静默中和自己在一起,而不是跟随别人的指令。但正如我所说,这并不容易,需要大量的练习。对部分人来说,这些应用程序可能是一个很好的选择。

还记得我前面提过的成人夜校吗?我在那里上过一些课程。最棒的课是汉堡的一位自然疗法和冥想老师雷纳特(Renate)教的,她师从乔·卡巴金,得到了亲传。她是一位从容淡定、非常热心的女士,自带权威。我预约了她的一门小组课程,在第一次破冰之后(我是所有学员中唯一的一位男学员),我很开心。我们学习了冥想,做了家庭作业,最后还做了一整天的静默和冥想。这对我在家里进行日常练习有很大的帮助。

另外,我还在汉堡郊外的"静默之家"度过了一个为期3天的周末小长假，这次经历也对我大有裨益。这是一个佛教冥想中心，但也非常适合非佛教徒，这里有很多课程可以选择。我选择了一个参与者会尽可能地保持沉默的冥想课程，毕竟我在编辑部工作，平时已经说太多话了。

我开车去了那里，办理了手续，并且得知在打完招呼之后就应该开始保持沉默，这让我有点惊讶。只有导师才可以在练习中发言，在整个周末，学员都不能跟老师说话，彼此之间也不能说话。"好吧，"我对自己说，"你就闭嘴吧。"令我吃惊的是，这是一次很棒的经历。我是一个很喜欢说话的人，不知道保持沉默是什么感觉。但这次我感觉很好，在某种程度上就像一种解脱——我不需要把一切都用语言表达出来，也不需要妙语连珠。

这里的冥想练习是密集而有深度的。我们坐在枕垫上呼吸，一位善良的老师给我们指引和鼓励。他自带沉着的气场，似一片宁静祥和的海洋，和他坐在一个房间里能让我立刻平静下来。

但我内心的平静不会持续太久。过了一会儿，我就开始屁股疼、背疼，腿也麻了。沉思的平静再次变成内心的不安。我不知道其他人怎么样了，因为我们不被允许说话。不过，我坚持到了最后。

后来我才知道，几乎每个人都遇到了相同的问题，但值得庆幸的是，情况一天比一天好。在沉默中一起冥想有一种特殊的效果，就好像房间里有某种群体能量在发挥作用，或者是一种共同的意志承载着所有人，激励着彼此一起探寻回到内心的路。在这里练习的冥想是我经历过的强度最高的冥想体验——简短的清晰感，全然活在此时此地的存在感，不做任何评价的接纳与敞开。这真的很有成就感，激励着我继续前进。不过，最近我对冥想有些懈怠，主要是因为工作上的事情太多。我待会儿就去坐着冥想，我更喜欢坐在有靠背的椅子上冥想。老师当然没有这么教，是我不喜欢坐在枕垫或者小凳子上。我前面提到的雷纳特老师在这方面的要求很松。特别是当你的背有问题时，无休止地折磨自己是没有意义的，只要舒服地坐在靠背椅上就行了。但是，请务必保持姿势端正：背部挺直，<u>坐直</u>。

| 第 14 章 |

我为什么要给自己写信？

有一次我深陷长时间的危机之中时，我上了一节冥想课。老师让我们在一张卡片上写下自己的愿望，把它放进信封里，写好地址后再把信封交给老师。老师说，她认为合适的时候会把这封信寄出去。我写了一封信，后来就忘了这事。有一天，这封信居然出现在我的邮箱里。我打开它，读道：

亲爱的凯斯特：
　　别忘了每个人都要负重前行。你不能对抗恐惧，但可以将它放在另一个地方。接纳恐惧。接受自己的有限性。放开自我！好好享受吧！过属于自己的生活吧！

你的凯斯特

　　读着自己写给自己的信，我感到很奇怪。这封信正好展示了我有多么割裂：既像一个被恐惧占据的病人，又像一个完全明白在自己身上发生了什么的理性主义者。它们之间的联系为何那么少？就在我写到这里的时候，我又一次感到难受：恐惧再次控制了我，尽管我知道这一切是怎么回事，而且我总是告诉自己，我对同样的事情抱有太多不必要的担心，但我还是无能为力。我像是被迫去这样感受和思考。我知道自己可以改变这种思维和感觉，改变脑海中铺好的恐惧之路。我必须努力，换言之，我一直在与自己对话，听起来就像下面这样。

你今天过得怎么样?

天啊,又发作了。你懂的。

所以你又成了受害者。

嗯,没错,感觉糟糕透顶。你又要说我心知肚明了。

嗯,完全正确。我会这么说,因为事情就是这样啊:你本来就心知肚明。

嗯,我知道,但每次发作还是让我不知所措。

这次是什么情况?

好吧,就是那些奇怪的症状……

你3年前有过的那些症状?

是啊,肚子感到不舒服什么的。

哦,我知道。告诉我,是我错了,还是你仍然活着呢?

嗯,我还活着。

所以,这些症状持续3年了,也没整死你?

没有,但是……

什么?

这次可能真的有问题。

另外那件事呢?

你是说我感到的压力。

没错。

现在已经不是问题了。

好吧,这次轮到你的肚子了。或许,你所有的器官都会挨个轮流出问题。

冷嘲热讽无济于事。

但害怕就更好吗?

不好,但我也无计可施。我很害怕。该死的。

你现在在哭吗?

嗯,有什么问题吗?

当然没问题,我没有反对的理由。

你有话就直接说。

你想怎么样?

去看医生。

嗯……你真的想去看医生?在这几年你学到这么多之后,还是想去看医生?

我不是真的想去看医生,但是听到医生说什么事都没有的时候,我会感到很舒服。

这样做能维持很长时间吗?

要看情况,不好说。

你心里知道,这样做终究不是长久之计。

嗯。

然后呢?

我太难了。

你还在怕什么?

疾病、虚弱、死亡。

但你活得很健康，而且也做过体检了，对于其他的风险，你……

我知道我必须忍受。每个人都必须面对，但我做不到。

你想活得安心。

嗯，非常想。

你还记得心理医生告诉你的话吗？

你指的是什么？

你最好直接在诊所租一个房间，这样就可以随时拜访所有医生了。

嗯，其实我也知道，我必须……

嗯啊，你得过自己的生活——尽情地享受生活。感恩你所得到的一切。你只能活一次。

我有自己的心魔。

没错，但只有你能改变一切。

我该怎么做？

忍住，别去看医生，再给自己一点时间等待。把注意力转移到其他更美好的事情上，不要把自己变成受害者。保持学习，接受风险，你是自己思想的主人。

我真希望你能一直在这儿。

我一直都在，只是有时候我成了你的囚徒。

谁能还你自由？

你。

你能留下来吗？

这取决于你。

| 第 15 章 |

我为什么要记录自己的感受？

当一个人患有精神疾病的时候，就会对自己失去信任。所有的恐惧、忧虑、恐慌、麻痹性的抑郁，每一次发作都感觉像是残酷的第一次。其他人都说："你经历过啊。"但你那不安的心灵却低声说："不，从来没有这样过，这一次特别糟糕，旁人根本无法体会我的感受。"在内心深处，你知道自己说的不是真的，因为你之前经历了很多次。但你心里知道，这次你仍然感觉自己被消极的感觉、自怜、恐惧深深支配，无法自拔。

一位治疗师对我说："你为什么不把自己的经历写下来呢？类似写一本焦虑日记，记录下发生了什么事，你有什么感受，然后你就会真正拥有这段经历。这样，你也许就能相信自己了。"

我很怀疑这样做是否行得通，因为我的恐惧是如此包罗万象、无处不在。我有时觉得自己能够记住这一切，因为我的感觉是如此强烈。其实，这只是我的无稽之谈。根据神经科学，我们知道，记忆是有欺骗性的。即使是健康的人，大脑有时也会把过往的经历改编成离奇的故事。对于精神病患者来说，风险则可能更大，因为他们本来就是通过扭曲的方式感知世界，以特殊的方式对所经历的事情进行过滤。有社交焦虑症的人，可能会把所经历过的一切看起来很尴尬的事情放大为巨大的失败；而像我这样的疑病症患者，往往会忽略可以让自己安心下来的事情，过分高估与幻想中的疾病相匹配的蛛丝马迹。但是，我逐渐意识到了自己的问题，这或许是因为我真的开始把自己的病中经历记下来。我没有定期、有规律地做记录，但是会经常写。由于我多年来一直在与内心的恐惧做斗争，现在仍然如此，所以我积攒了大量的笔记，而且我还将它们保存起来"以备不时之需"。这样一来，在我想回看的时候，就可以随手翻阅。由于我之前经常感到绝望，当我再次感觉身体不舒服且惊慌失措地计划去看医生时，思想经常处于完全失控的状态，所以一开始我几乎想不到去看笔记——眼前的急性焦虑发作如此强烈，以至于我根本无暇顾及于此。直到有一次，在假期里，我又一次偶然地看到了一段过去的回忆。像往常一样，我随身携带一本笔记本——因为我喜欢在度假时写下自己的想法。我3年前就用过这个笔记本，后来把它忘在了架子上，但在度假小屋，我又重新发现了它。那天晚上，我独自一人坐在小屋里，脑袋发胀地胡思乱想着，因为我又一次经历了焦虑发作，而且认定某些身体感觉是某种大病的症状。面前的桌子上放着我正在读的小说和笔记本。我不想读书，所以拿起笔记本翻了一遍，偶然翻到了我之前写的"一直以来的最爱"，还有各种各样的花式"凯斯特抱怨"，其中也包括我刚刚抱怨的事情。我无语了，笔记本上面的文字读起来就像在描述我当下的经历和痛苦。突然间我意识到，这几年我始终在处理同样的问题和恐惧。于是我决定，从现在开始，只要有什么事困扰着我，我就做笔记。

我并不是说记笔记治愈了我，但我认为记笔记有助于治疗，它帮助我更客观地看待自己的经历，因此，我衷心地建议所有处于精神危机中的人都可以尝试着做笔记：记下是什么让你心烦意乱，又是什么让你重新振作起来的。当你再次崩溃的时候，读读自己的笔记会有很大的帮助。因为笔记是见证：当你跌到谷底之时，也是你开始向上之时。

| 第 16 章 |

那些对我有帮助的人和事

许多人和事帮助了我

- 爱
- 接纳
- 希望
- 哭泣
- 笑
- 勇敢
- 告诫自己
- 不要坐着苦思冥想
- 读好书
- 散步
- 阳光
- 和亲朋好友坐在一起吃饭
- 聊天
- 我的孩子
- 我的治疗师
- 其他病友

- 等待
- 坚持
- 信心
- 回忆
- 决定
- 行动起来
- 被安慰
- 游泳
- 冥想
- 大自然
- 我的小池塘
- 运动
- 我的妻子
- 我的朋友
- 我的家庭医生

充满智慧的名人名言多次帮助了我

埃克哈特·托利（Eckhart Tolle）："不要让你的思想利用痛苦为自己创造出一个受害者的身份。如果你总是沉溺于自怨自艾和向他人倾诉苦难，你就会始终困于苦难之中。"

乔·卡巴金（Jon Kabat-Zinn）："我们对一切事物进行评价和分类的习惯将我们限制在无意识的、刻板印象的反应模式中，而这种反应模式缺乏客观性。这种判断力完全支配着我们的思想，使我们几乎无法获得内心的宁静，无法体会平和的感受，也不可能清楚地看到内在和外部真正发生的事情。"

里尔克（Rilke）："重要的是经历一切。如果你正经历充满难题的生活，也许有一天，你会不知不觉地活出答案。"

列夫·托尔斯泰（Leo Nikolayevich Tolstoy）："我们看到的世界并不是世界的样子，而是我们自己的样子。"

延斯·科尔森（Jens Corssen）："从长远来看，灵魂反映了我们思想的颜色。"

马特·黑格（Matt Haig）："总有一天，你会体验到和现在的痛苦一样强烈的幸福。当你听到美国迷幻摇滚乐队海滩男孩（The Beach Boys）的声音时，你会流下欣喜的眼泪，你会看着婴儿在你的怀里睡着。你会结交很棒的朋友，你会吃到很多现在从未尝过的美食，你会从一个绝佳的位置欣赏风景，而不去想如果摔倒了，你会死的概率有多大。还有许多未读的书在等着你充实自我，还有很多电影等着你去观赏。你会跳舞，会笑，会做爱，会在河边散步，会在夜间交谈，会笑到肚子痛。生活在等着你。现在你被困住了，但世界在等你。如果能够做到，就坚持住。生命总是值得的。"

汉斯·莫心思基（Hans Morschitzky）和托马斯·哈特尔（Thomas Hartl）："耐人寻味的是，患有严重的身体疾病并且接受这种命运的人，往往比身体健康却患有疑病症而产生恐惧的人拥有更好的生活质量，生活得更加知足常乐。总是忙于对抗潜在的疾病和担忧健康的人，反而会错失真正生活的机会。"